MATTHIAS MITTERMEIER (HRSG)

Fingerfood

PRALINEN FOURS & CO.

PATISSERIE UND KONDITOREI

IAN MATTHEW **BAKER**
NICOLE **BECKMANN**
RENÉ **FRANK**
CHRISTIAN **HÜMBS**
MATTHIAS **MITTERMEIER**
ANDY **VORBUSCH**

FOTOGRAFIE: FABIAN **SÄNGER**

MATTHAES VERLAG GMBH
Ein Unternehmen der dfv Mediengruppe

VORWORT

Nach dem großartigen Erfolg meines ersten Buches „Torten & Törtchen" beschlossen wir – der Matthaes Verlag und ich – im Sommer 2015, sobald wie möglich ein Nachfolgewerk herauszubringen. Das Thema „Süßes Fingerfood" war schnell gefunden, da es momentan auf dem Markt kein vergleichbares Fachbuch gibt. Und schon gar keines mit einer so hochkarätigen Auswahl an Autoren, die alle ihre eigene Note und ganz persönlichen Input beisteuern. Bei der Auswahl der Co-Autoren kamen für uns nur absolute Trendsetter, Revolutionäre und tonangebende Akteure der süßen Branche in Frage. Alle sind große Künstler und ihrer Zeit weit voraus. Sie haben die Patisserie mit ihren Arbeiten wesentlich beeinflusst. Viele kenne ich seit Jahren und so ist es mir eine große Ehre, sie Ihnen auf den nächsten Seiten vorstellen zu dürfen:

IAN MATTHEW BAKER Er ist für mich persönlich der beste Hotel-Patissier Deutschlands. Ein allumfassender Patissier, der in jeder Sparte der Patisserie – von Teller-Dessert-Kreationen über Pralinen bis hin zu Schokoladen- und Zucker-Skulpturen – bewandert ist. Das erstaunliche an Ian ist aber, dass er der französischste Brite ist, den ich kenne, denn sein Stil reflektiert absolut die klassische französische Patisserie.

NICOLE BECKMANN Sie ist ganz klar die Kochkünstlerin in der Autorenrunde. Durch ihre Erfahrungen in der Nationalmannschaft der Köche (als Patissier) und durch die Teilnahme an zahlreichen Kochkunstausstellungen/Patisserie-Wettbewerben ist ihr Stil mit den Begriffen Eleganz, Filigranität und Verspieltheit zu beschreiben – präzise wie ein Schweizer Uhrwerk. Sie unterrichtet als Pastry Chef Instructor an der Culinary Arts Academy in Luzern Studenten aus aller Welt und gibt mit Begeisterung ihr umfangreiches Können und Wissen weiter.

RENÉ FRANK Er ist Purist und Ästhet zugleich. Seine Kreationen werden beeinflusst durch zahlreiche Asienreisen, insbesondere nach Japan. Die komplette Reduzierung von Zucker und vor allem von Milchprodukten prägen seinen Stil. Hinzu kommen uralte Techniken aus Asien, wie z. B. das Fermentieren. Aber auch die moderne Schokoladenverarbeitung, noch ausgereift durch seinen Aufenthalt bei Oriol Balaguer in Barcelona, spiegelt sich in seinen Kreationen wider. Oft sind diese sehr verspielt, so findet sich auch mal eine Bade-Ente auf dem Teller, die dragierten Nüsse kommen aus dem Kaugummi-Automaten und die Dose, in der die Pralinen angerichtet werden, spielt beim Öffnen „Don't worry, be happy".

CHRISTIAN HÜMBS Er ist ein absolutes Ausnahmetalent – als Aromenkünstler und „Foodpairing-Spezialist" bringt er Kreationen hervor, die einen nur ungläubig staunen lassen. Christian hat nicht nur das Einbeziehen von Gemüse und Speck in Dessertkreationen auf die Spitze getrieben, seine Kreationen gehen sogar noch viel weiter. Die Konzentration von intensiven Aromen und deren Kombination stehen bei ihm im Fokus. Seine Kreationen sind ein Spaziergang durch die Natur. Und wer denkt, Christian sei ein Natur-Mensch, der in seiner Freizeit durch den Wald streift und Kräuter, Pilze, Moose, Sprossen und Flechten sammelt, der irrt. Er bezeichnet sich selbst als absoluten Stadtmenschen. Wie er dann solche Kreationen erschaffen kann? Er nennt es Intuition, Experten sagen Naturtalent, und ich nenne es Genie.

ANDY VORBUSCH Er ist der Philosoph, der Intellektuelle, der Unbequeme, der Querdenker. Andy war der Erste, der nie zuvor da gewesene Köstlichkeiten geschaffen hat. Seine Kreationen sind revolutionär und regen zum Nachdenken an. Es sind sicherlich Kreationen für Fortgeschrittene. Seine Gedankengänge sind vielleicht oftmals auf den ersten Blick kaum zu verstehen, doch in sich immer logisch und rein. Sich selbst nie zu kopieren, genauso wie alles zu hinterfragen und über jeden Aspekt ausführlich zu diskutieren, sind seine persönlichen Leitfäden.

FABIAN SÄNGER Er ist eines meiner größten Vorbilder. Stets seiner Zeit voraus, ist er absolut präzise in seiner Arbeit und stets ein guter und verlässlicher Freund. Seine Werke vor und hinter der Kamera beeindrucken durch eine unglaubliche Ästhetik und Filigranität und präsentieren sich so in einer harmonischen Komplexität. So hat sich der Schokoladen-Spezialist vom Hobbyfotografen zum Vollprofi gewandelt, der allen Kreationen in diesem zweiten Band der Reihe ein ganz eigenes „Gesicht" gibt.

ICH SELBST würde mich eher als Techniker und Designer von modernen Kreationen bezeichnen. Seit Jahren beschäftige ich mich mit der intensiven Weiterentwicklung von Arbeitstechniken und Wissen speziell bei Art und Wirkung von Gelier- und Bindemitteln. So sehe ich meinen Arbeitsfokus in der Tatsache, dass alles auf logisch erklärbarer Lebensmittelchemie und -physik basiert und versuche mir mein Wissen nicht nur von großen Kollegen, sondern auch durch das Hand in Hand Arbeiten mit der Industrie anzueignen. Gepaart mit meinem handwerklichen Know-how und der Verarbeitung von Luxusprodukten entstehen so meine Kreationen.

Dies alles geschieht vor allem in meinem Trend-Forum. Es ist ein modernes Schulungszentrum, das ich in den letzten fünf Jahren mithilfe der Familie Pfersich aufgebaut habe. Es bietet in allen Sparten der Patisserie ein internationales Niveau, denn ich darf meinem Publikum dort die besten Patissiers der Welt präsentieren. Vor allem aber ist es ein Meetingpoint für alle, die mit mir die Leidenschaft für die süße Kunst teilen.

Wie bereits zu Beginn beschrieben, standen Thema und Co-Autoren für dieses Buches sehr schnell fest. Doch über allem steht die Frage, warum man heutzutage überhaupt noch ein Fachbuch kaufen sollte?

Sie brauchen theoretisch nur einen Klick auf Ihrem Computer oder Ihrem Smartphone zu machen und sehen in den sozialen Netzwerken die aktuellen Kreationen aller Größen dieses Planeten. Sicherlich kann hier ein Fachbuch durch die schnelle Aktualisierung nicht mithalten.

Zum Zeitpunkt, an dem Sie dieses Buch in den Händen halten, haben sich unsere Kreationen und auch unser Wissen bereits um Einiges weiterentwickelt. Lassen Sie es mich als leidenschaftlicher Büchersammler aber folgendermaßen erklären: Durch die immer schneller werdende Gesellschaft und den damit verbundenen immer rasenderen Informationsfluss gibt es im Internet fast keine Momentaufnahmen mehr. Am nächsten Tag oder schon ein paar Stunden später hat sich alles bereits wieder geändert und das „Alte" wird schnell vergessen. Und sind wir doch mal ehrlich, ein schönes Buch mit tollen Fotos in der Hand zu haben ist doch etwas Persönliches, geradezu etwas Intimes. Man kann es aus dem Regal ziehen, wann immer man möchte, und sich die Zeit nehmen, alles auf sich wirken zu lassen. Darüber hinaus findet man meistens in den sozialen Netzwerken auch nur Bilder der Kreationen, was fehlt ist aber das Rezept, es gibt keine Erklärung der Intention hinter dem Offensichtlichen, die Philosophie des Künstlers wird nicht klar. Mit diesem Buch möchten wir Ihnen das alles ganz persönlich nahebringen.

Wir haben versucht, in diesem Buch unseren Wissensstand im Jahr 2015 mit Ihnen zu teilen. Das Spektrum reicht von klassischen wie auch modernen Kreationen über neue Techniken und Zutaten, bis hin zu nie dagewesenen Präsentationsmöglichkeiten. Meiner Meinung nach ist für jeden etwas dabei, sei es der ambitionierte Hobbybäcker, der klassische Konditor, Bäcker, Hotel-Patissier oder auch der Patissier im Sterne-Restaurant. Und doch beobachte ich seit Jahren eine ganz bestimmte Entwicklung, die mich zum Nachdenken bringt: Traditionshäuser, die nicht mit der Zeit gehen, erleben oftmals eine brutale Marktbereinigung, während so mancher Quereinsteiger, der sich auf ein Produktfeld spezialisiert hat, große Erfolge feiert. Klassische Kaffeehäuser und Konditoreien gehen insolvent oder finden keinen Nachfolger, während ein Blick in die sozialen Netzwerke bei den Hobbybäckern einen ungeheuren Boom zeigt. Auch in unserer Schule zeigt sich der gleiche Trend; die Zahl der Hobby-Konditoren etc. wächst stetig. Und so muss ich ehrlich zugeben, dass auch ich anfangs meine Zweifel an dieser Gruppe hatte, schließlich beruht unser Beruf auf einer fundierten Ausbildung.

Doch fast jeder kann in unsere Branche einsteigen. Das Verblüffende jedoch ist, dass ich nach fünf Jahren als Leiter des Trend-Forums meine Meinung komplett revidieren muss. Die Erfahrung zeigt ganz deutlich, dass diese Quereinsteiger bei allen Seminaren – egal welches Thema – die besseren Ergebnisse liefern, sauberer arbeiten und darüber hinaus über viel mehr theoretisches Wissen verfügen. Über die Gründe hierfür könnte man lange diskutieren, ich denke jedoch, der wichtigste Grund ist die Leidenschaft für das, was man tut!

Sobald man im Kopf ein „Muss" verspürt, hat man bereits verloren. Wenn jemand jedoch voller Freude und Leidenschaft an seine Aufgabe herangeht, kann er Berge versetzen. Daneben sehe ich ganz klar auch die Spezialisierung auf einen Bereich, will heißen: Weg von einem großen Sortiment, hin zu nur einem Produktfeld. Letztendlich haben es uns die Italiener mit ihren Eiscafés vorgemacht, denen nun viele schlaue Quereinsteiger folgen. Und so finden sich heute Pralinenmanufakturen, Eismanufakturen, Muffin-Shops, Hochzeitstorten-Spezialisten, Cake-Designer und vieles mehr.

Ich wundere mich immer wieder, wie viele Menschen Kurse, Seminare und Fachdemonstrationen besuchen, die Inhalte werden jedoch kaum in klassischen Betrieben umgesetzt. Es gibt großartige Fachbücher, an denen man sich orientieren kann – aber wo finden Sie solche Kreationen in den Theken? Als Antwort auf diese Frage muss ich oft hören: „Meine Kunden wollen so etwas nicht und sie sind auch nicht bereit, mehr als 2,50 Euro pro Stück Kuchen oder Torte zu zahlen." Wir leben in einem der reichsten Länder der Erde und ich bin überzeugt davon, dass viele Menschen bereit sind, etwas mehr Geld auszugeben, vorausgesetzt, sie bekommen auch etwas ganz Besonderes dafür!

Sie müssen Ihren Kunden klarmachen, warum sie ihre Sachertorte, Käsesahne oder Schwarzwälder Torte bei Ihnen kaufen sollen, und das zu Preisen zwischen 35 und 50 Euro. Das gleiche Produkt bekommen sie nämlich im Supermarkt teilweise sogar unter 8 Euro. Noch dazu zu einer Qualität, an der hochqualifizierte Wissenschaftler gearbeitet haben, die leider oftmals höher ist, als bei Produkten aus der Konditorei. Die Torte verliert beim Auftauprozess kein Wasser, sie schwitzt nicht, der Schnitt ist nicht angetrocknet und auch die Zutaten selbst unterscheiden sich keineswegs von denen, die Sie verwenden würden. Wer glaubt, in den Industrieprodukten sei nur Chemie, der irrt gewaltig.

Ich bin absolut davon überzeugt: Wer heutzutage bestehen möchte, der muss sich zum einen auf ein Produktfeld spezialisieren, zum Zweiten ausschließlich mit hochwertigen Produkten arbeiten und zum Dritten sein handwerkliches Know-how mit dem Wissen und den Techniken der Industrie paaren.

Und noch ein vierter Punkt: Die sozialen Netzwerke sollen auf gar keinen Fall verdammt werden, denn es geht heute rein gar nichts mehr ohne ein erfolgreiches Marketing auf Online-Plattformen und in den Medien. Wer dies versteht, wird die süße Kunst auch in der Zukunft erfolgreich verkaufen und leben können! Es mag vielleicht hart klingen, aber wer dies nicht verinnerlicht, wird langfristig auf der Strecke bleiben.

Aus all diesen Gründen haben wir dieses Buch geschrieben. Es soll Freude und Leidenschaft für das süße Handwerk in Ihnen wecken! Lassen Sie Ihre eigene Kreativität mit einer Momentaufnahme der Arbeit von großartigen Künstlern beflügeln.
Ich wünsche Ihnen von ganzem Herzen: Leben Sie mit uns Ihre Leidenschaft für Ihren wunderbaren Beruf und geben Sie Ihren Kreationen den Stellenwert als handwerkliches Luxusprodukt, das diesen auch zusteht.

Herzlichst

Matthias Mittermeier
Juli 2016

INHALT

MATTHIAS MITTERMEIER

»Wer immer das tut, was er schon kann,
bleibt immer das, was er schon ist.«

TAMARILLO-BASILIKUM

ZUCCHINI-GRENADILLA-CAKE-POP

TAMARILLO-BASILIKUM

TAMARILLOPÜREE

500	g	Tamarillomark, passiert
200	g	Kokospüree (Boiron)
70	g	Rohrzucker
5	g	Lebkuchengewürz

> glatt mixen

TAMARILLO-GEL

410	g	Tamarillopüree (s.o.)
4	g	Agar-Agar (Sosa)

> glatt mixen, aufkochen und 2 Minuten weiterkochen

> Gelee erstarren lassen

75	g	Tamarillopüree
15	g	Rohrzucker
25	g	dunkler Rum

> zugeben, im Thermomix bei voller Leistung fein mixen

> das gemixte Gel durch ein sehr feines Sieb streichen und in eine Spritzflasche füllen

BASILIKUM-WASSER-GANACHE

290	g	stilles Mineralwasser
215	g	Rohrzucker
165	g	Trimoline (Sosa)
40	g	Sorbitpulver
90	g	Butter
60	g	Basilikumblätter
		Abrieb von 1 unbehandelten Limette
0,2	g	Fleur de Sel

> Zutaten miteinander aufkochen und 10 Minuten ziehen lassen

> durch ein Sieb passieren und den Fond auf 36 °C abkühlen lassen

440	g	Arriba Kuvertüremasse 100 % (Domori)
60	g	dunkle Kuvertüre 62 % (Arriba, Domori)

> auf 33 °C temperieren

> unter den warmen Grundfond rühren

160	g	Olivenöl

> unterrühren und so lange verrühren, bis eine glatte, glänzende Ganache entstanden ist

20	g	Limettensaft
5		Tropfen Basilikumessenz (Sosa)

> unterrühren

8	g	Kakaobutter, auf 33 °C temperiert

> unterrühren

GRÜNE SPRÜH-ZELLULOSE

100	g	stilles Mineralwasser
100	g	Alkohol 90 %
10	g	Hydroxypropylmethylcellulose (Sepifilm 050 N)
10	g	Candurinpulver, grün (PCB)

> glatt mixen, den Vorgang etwa 5-mal mit je 30 Minuten Pause wiederholen

> die Flüssigkeit mithilfe einer Airbrushpistole dünn in Polycarbonat-Pralinenformen sprühen, etwa 10 Minuten antrocknen lassen und den Vorgang weitere 2-mal wiederholen

ROTE SPRÜH-ZELLULOSE

100	g	stilles Mineralwasser
100	g	Alkohol 90 %
10	g	Hydroxypropylmethylcellulose (Sepifilm 050 N)
10	g	Candurinpulver, rot (PCB)

> glatt mixen, den Vorgang etwa 5-mal mit je 30 Minuten Pause wiederholen

> die Flüssigkeit mithilfe einer Airbrushpistole dünn in Polycarbonat-Pralinenformen sprühen, etwa 10 Minuten antrocknen lassen und den Vorgang weitere 2-mal wiederholen

ANMERKUNG

> Im Vergleich zum Besprühen mit Kakao-
butter hat das Sprühen von Zellulose den
Vorteil, dass ein extrem hoher Glanz er-
reicht wird. Es können keine Fingerabdrücke
entstehen und man hat keinen Fettfilm auf
Praline und Zunge.

FERTIGSTELLUNG

> Eine Seite der Pralinenform (Chocolate World: Nr. 1751)
mit grüner Sprüh-Zellulose aussprühen und trocknen
lassen

> Die zweite Seite der Pralinenform mit roter
Sprüh-Zellulose aussprühen und trocknen lassen

> Die Pralinenform dünn mit dunkler Kuvertüre 62 %
(Arriba, Domori) ausgießen

> Dann in jede Form etwas Tamarillo-Gel spritzen

> Die Pralinenformen knapp mit der Basilikum-Wasser-
Ganache auffüllen

> Die Ganache über Nacht bei etwa 16 °C kristallisieren
lassen, dann die Formen mit der dunklen Kuvertüre
schließen

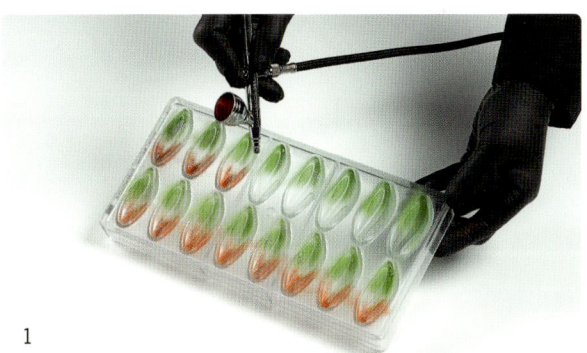

1

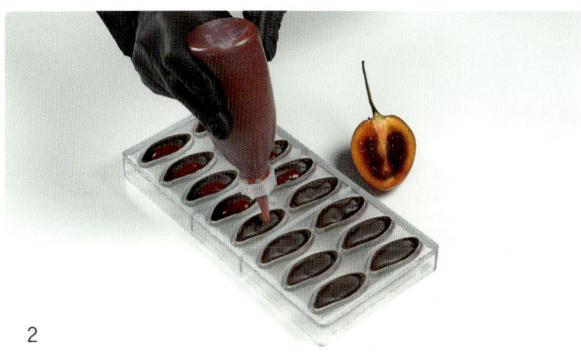

2

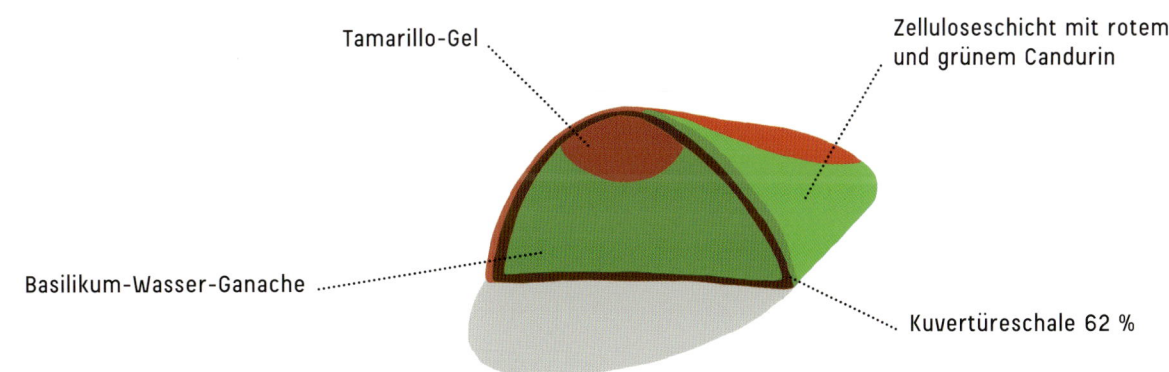

Tamarillo-Gel

Zelluloseschicht mit rotem
und grünem Candurin

Basilikum-Wasser-Ganache

Kuvertüreschale 62 %

ZUCCHINI-GRENADILLA-CAKE-POP

GRENADILLA-MERINGEN

125	g	Grenadillapüree (Capfruit)
12	g	Albumin (Sosa)
1		Prise Fleur de Sel

> zu cremigem Eischnee aufschlagen

| 125 | g | Zucker |

> nach und nach zugeben und weiter zu einem festen Eischnee aufschlagen

| 125 | g | Puderzucker |

> kurz unterrühren

ZUCCHINI-CAKE

50	g	Vollei
150	g	Zucker
1		Prise Salz

> aufschlagen

| 85 | g | Olivenöl |

> unterrühren

230	g	Weizenmehl, Type 405
80	g	weißer Mandelgrieß
5	g	Backpulver
2	g	Natron

> mischen und untermelieren

| 170 | g | Zucchini, fein gerieben |

> unterrühren

> Masse in Silikonformen (Silikomart: SF003) füllen und bei 180 °C etwa 15 Minuten backen, dann tieffrieren

GRENADILLA-PANNA-COTTA

200	g	Sahne
300	g	Grenadillapüree (Capfruit)
60	g	Zucker
10	g	Passionsfruchtpaste (Sosa)
3	g	Iota (Sosa)
2	g	Johannisbrotkernmehl (Sosa)

> glatt mixen, aufkochen und erneut glatt mixen

NAPPAGE VERT

100	g	Wasser
50	g	Grenadillapüree (Capfruit)
300	g	Zucker
300	g	Glukosesirup 45 °Bé

> auf 106 °C einkochen

200	g	gesüßte Kondensmilch (Nestlé)
120	g	Gelatine-Mix (siehe Seite 20)
10	g	Candurinpulver, grün (Cardin)
5	g	grüne Lebensmittelfarbe (Ruth)

> unterrühren und glatt mixen

> Glasur für mindestens 12 Stunden in die Kühlung geben

> Verarbeitungstemperatur: 28 °C

> vor dem Gebrauch durchmixen, Luftblasenbildung dabei unbedingt vermeiden

FERTIGSTELLUNG

> Kleine Tupfen der Meringenmasse auf Silpatmatten dressieren und im Dehydrator (100%Chef) bei 65 °C etwa 6 Stunden lang trocknen

> Die Panna cotta kochen und zügig in kleine Silikonformen (Pavoni: LS005) füllen und tieffrieren

> Die gebackenen Zucchini-Cake-Halbkugeln in der Größe der Panna-cotta-Kugeln aushöhlen

> Die Panna-cotta-Kugeln in die Zucchini-Halbkugeln setzen und je zwei Hälften zu einer Kugel schließen, dabei fest pressen und tieffrieren

> Die gefrorenen Kugeln auf Lolli-Stiele stecken, durch die Nappage Vert ziehen und abtropfen lassen

> Zum Schluss die getrockneten Meringentupfen ansetzen

1

Nappage Vert

Zucchini-Cake

Grenadilla-Panna-cotta

Grenadilla-Meringen

MOZART – THE NEW GENERATION

GOLDENE SPRÜH-ZELLULOSE

100	g	stilles Mineralwasser
100	g	Alkohol 90 %
10	g	Hydroxypropylmethylcellulose (Sepifilm 050 N)
10	g	Candurinpulver, gold (PCB)

> glatt mixen, den Vorgang etwa 5-mal mit je 30 Minuten Pause wiederholen

> die Flüssigkeit mithilfe einer Airbrushpistole dünn in Polycarbonat-Pralinenformen sprühen, etwa 10 Minuten antrocknen lassen und den Vorgang weitere 2-mal wiederholen

GIANDUJA-KERN

100	g	Zucker

> nach und nach zu goldenem Karamell schmelzen

400	g	Piemonteser Haselnüsse (Agrimontana), geröstet

> unterrühren und abrösten

> Krokant auf etwa 35 °C abkühlen lassen und im Thermomix fein pürieren

100	g	Piemonteser Haselnuss Paste 100 % (Agrimontana)
50	g	Milchkuvertüre 42 % (Esmeraldas Milk, Original Beans)

> unterrühren

> die untere Form der zweiteiligen Silikonform (Pavoni: LS05) mit der Giandujamasse füllen, glatt streichen und tieffrieren

PISTAZIEN-MARZIPAN

500	g	Marzipanrohmasse
100	g	Pistazienpaste „Bronte" 100 % (Agrimontana)
50	g	Invertin

> glatt mixen

FERTIGSTELLUNG

> Pralinen-Spherenformen (Barry) mit der goldenen Sprüh-Zellulose 3-mal dünn aussprühen und antrocknen lassen

> Die ausgesprühten Halbkugeln dünn mit dunkler Kuvertüre 75 % (Piura Porcelana, Original Beans) ausgießen

> In jede Form etwas Pistazien-Marzipan spritzen (etwa ein Fünftel Füllhöhe)

> Anschließend den Gianduja-Kern einlegen und etwas anpressen, sodass die Form glatt geschlossen ist

> Jeweils 2 Formen (Halbkugeln) zu Kugeln zusammensetzen

> Die Kuvertüre kristallisieren lassen und die Kugeln aus der Form nehmen

> Variante: Die Kugeln einfrieren und anschließend mit der Airbrush-Pistole absprühen; das erzeugt einen Samteffekt

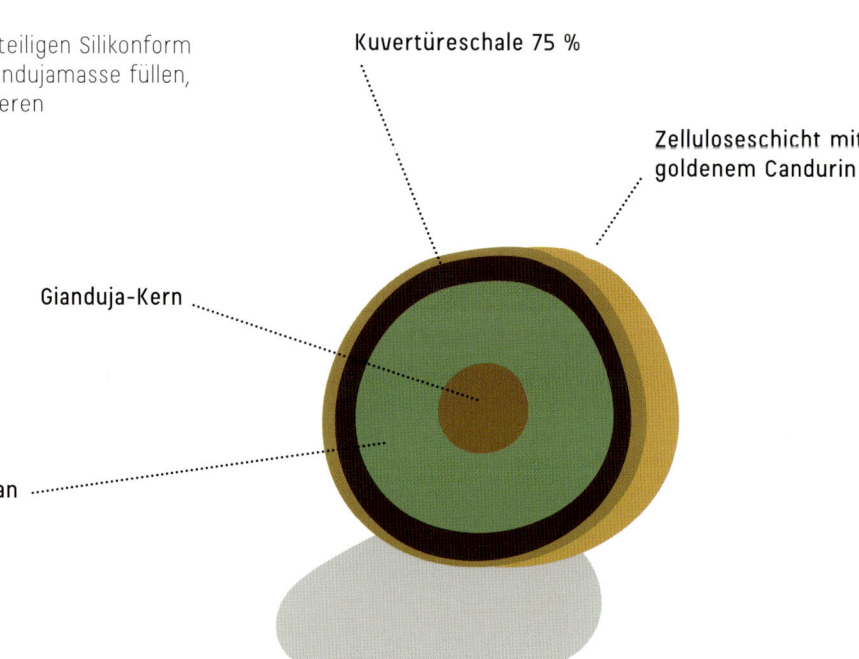

Kuvertüreschale 75 %

Zelluloseschicht mit goldenem Candurin

Gianduja-Kern

Pistazien-Marzipan

MOZART – THE NEW GENERATION

DER GRÜNE APFEL

RED STONE

DER GRÜNE APFEL

ERDMANDEL-MICRO-BISKUIT

600	g	Eiweiß
100	g	Erdmandelpaste (Bos Food)
120	g	Zucker
90	g	Weizenmehl, Type 405
1		Prise Meersalz

> glatt mixen

> Biskuitmasse in einen Espuma-Siphon (ISI) einfüllen

> nacheinander 2 Gaspatronen aufschrauben und die Flasche gut schütteln

> etwas Masse in eine Silikonform (Silikomart: SF027) einsprühen

> bei 900 Watt etwa 20 Sekunden in die Mikrowelle geben und so den Biskuit backen

> tieffrieren und die Biskuit-Taler anschließend aus der Silikonform nehmen

GELATINE-MIX

600	g	Wasser
100	g	gemahlene Gelatine 220 Bloom

> glatt rühren

INFO

Der Mix kann in großen Mengen hergestellt werden und hält sich im Kühlschrank etwa 1 Woche, im Froster mehrere Monate

ERDMANDEL-PRALINÉ-MOUSSE

120	g	Vollmilch
90	g	Gianduja
90	g	Erdmandelpaste (Bos Food)

> aufkochen

60	g	Gelatine-Mix (s.o.)

> unterrühren und glatt mixen

> Fond auf etwa 25 °C abkühlen lassen

600	g	Sahne, geschlagen

> unterheben

BRATAPFEL-CRÉMEUX

275	g	Apfel-Zimt-Püree (Capfruit)
50	g	Sahne
20	g	Zitronensaft

> mischen

30	g	Zucker
20	g	Cremepulver

> mischen und zugeben

> Fond unter ständigem Rühren zum Kochen bringen

50	g	Gelatine-Mix (siehe linke Spalte)
22	g	Mycryro (Callebaut)

> unterrühren

> Creme auf etwa 25 °C abkühlen lassen

100	g	Sahne, geschlagen

> unterheben

> Crémeuxmasse in kleine Silikonformen (Silikomart: SF027) füllen und tieffrieren

BRATAPFEL-KOMPOTT

100	g	Zucker

> zu goldenem Karamell schmelzen

40	g	Butter
5	g	Zimt

> zugeben

600	g	Boskop-Äpfel, in kleine Würfel geschnitten

> unterrühren und ziehen lassen

> Fond abkühlen lassen und den Saft abpassieren

300	g	Kaltglanz-Gelee (Carma)

> unterrühren

> Masse in kleine Silikon-Dômeformen (Silikomart: SF005) füllen und tieffrieren

FERTIGSTELLUNG

> Plastik-Halbkugelformen (PCB: KT550) mit grüner Sprühkuvertüre dünn aussprühen und kurz anziehen lassen

> Die Formen dann dünn mit weißer Kuvertüre ausgießen und anziehen lassen

> Muster-Folie (Apfel-Hälfte von PCB) dünn mit weißer Kuvertüre bestreichen, anziehen lassen und die Apfel-Form ausstechen

> Die Formen mit etwas Erdmandel-Praliné-Mousse füllen

> Dann eine tiefgefrorene Bratapfel-Kompott-Halbkugel einlegen und wieder etwas Mousse einfüllen

> Eine tiefgefrorene Bratapfel-Crémeux-Scheibe einlegen und wieder etwas Mousse einfüllen

> Die gefüllten Halbkugelformen mit einer tiefgefrorenen Erdmandel-Biskuit-Scheibe verschließen und die Formen mit der restlichen Erdmandel-Praliné-Mousse füllen. Die Oberfläche glatt streichen und kühl stellen

> Die durchgekühlten, eingesetzten Formen mit der ausgestochenen Kuvertüre-Apfelscheibe schließen

> Einen kleinen Kuvertüre-Stiel sowie ein kleines Kuvertüre-Blatt (PCB: FE37) an jede Form kleben

1

2

Kuvertüre-Dekor

Erdmandel-Praliné-Mousse

Erdmandel-Micro-Biskuit

Bratapfel-Crémeux

Bratapfel-Kompott

RED STONE

SCHOKOLADEN-FONDANT

125	g	dunkle Kuvertüre 70 % (Cru Virunga, Original Beans), aufgelöst
50	g	Butter, aufgelöst
50	g	Eigelb

> glatt rühren

150	g	Eiweiß
25	g	Zucker
1		Prise Salz

> zu cremigem Eischnee aufschlagen

> nach und nach den Eischnee unter die Grundmasse melieren

> Masse in kleine Silikon-Förmchen (Silikomart: SF043) füllen, glatt streichen und dann tieffrieren

> die tiefgefrorenen Fondant-Törtchen in den Ofen geben:

> Backen: 200 °C / etwa 5 Minuten

> nach dem Backen wieder tieffrieren

> erst im gefrorenem Zustand aus der Silikonform nehmen

MANDEL-ROSMARIN-SABLÉ

110	g	weiche Salzbutter
190	g	Weizenmehl, Type 405
70	g	Puderzucker
36	g	Vollei
25	g	gemahlene Mandeln
2	g	Fleur de Sel
		Mark von 1 Vanilleschote

> rasch glatt kneten

> Teig mindestens 24 Stunden kühl stellen

> Teig dünn ausrollen, dann Platten ausstechen (Ø 4 cm)

> Backen: 160 °C / etwa 10 Minuten

SAUERKIRSCH-CRANBERRY-SMOOTHIE-GELEE

| 175 | g | Sauerkirsch-Cranberry-Püree (Boiron) |
| 50 | g | Läuterzucker 1:1 |

| 25 | g | Prosecco |
| 12 | g | Instangel (Sosa) |

> alle Zutaten im Thermomix für mindestens 2 Minuten auf Highspeed aufmixen

> Geleefond in eine Schüssel geben und im Kühlschrank erstarren lassen

> das erstarrte, feste Gelee aus der Schüssel nehmen und in der Küchenmaschine schaumig aufschlagen

> Geleeschaum zügig in kleine Silikon-Dômeformen (Silikomart: SF006) füllen, glatt streichen und dann tieffrieren

ROTE MISO-MOUSSE

135	g	rote Misopaste (Bos Foos)
135	g	Milch
55	g	Eigelb

> unter ständigem Rühren bei 85 °C zur Rose abziehen

| 165 | g | Milchkuvertüre 42 % (Esmeraldas Milk, Original Beans) |
| 70 | g | dunkle Kuvertüre 70 % (Cru Virunga, Original Beans) |

> unterrühren, glatt mixen und emulgieren

> Fond auf 35 °C abkühlen lassen

| 135 | g | Sahne, geschlagen |

> unterheben

GLAÇAGE ROUGE NOIR

75	g	Wasser
150	g	Zucker
150	g	Glukosesirup 45 °Bé

> auf 103 °C einkochen

| 100 | g | gesüßte Kondensmilch |
| 70 | g | Gelatine-Mix (siehe Seite 20) |

> unterrühren

| 150 | g | dunkle Kuvertüre 70 % (Cru Virunga, Original Beans) |
| 12 | g | rote Schokoladenfarbe (Cardin) |

> unterrühren und glatt mixen

> Verarbeitungstemperatur: 30 °C

> vor dem Gebrauch gut glatt mixen, Luftblasenbildung dabei unbedingt vermeiden

> Glasur ist frosterstabil, das heißt sie verliert auch nach dem Tieffrieren des überzogenen Produkts nicht ihren Glanz

FERTIGSTELLUNG

> Etwas Rote Miso-Mousse in die Silikonförmchen „Globe" (Silikomart: 36.164.87.0065) geben

> In jede Form einen tiefgefrorenen Sauerkirsch-Cranberry-Smoothie-Gelee-Kern (mit der Kuppel nach unten) einlegen

> Wieder etwas Rote Miso-Mousse einfüllen

> Die Formen mit einem tiefgefrorenen Schokoladen-Fondant-Taler abschließen, dann die fertig eingesetzten Petits Fours tieffrieren

> Die tiefgefrorenen Petits Fours aus der Form nehmen und mit der Glaçage Rouge Noir überziehen

> Jedes Petit Four auf einen vorgebackenen Sablé-Boden setzen

> Die restliche Rote Miso-Mousse in kleine Silikon-Nockenformen (Pavoni: PX074) füllen und tieffrieren

> Die tiefgefrorenen Nocken aus der Silikonform nehmen und mit dunkler Sprühkuvertüre absprühen

> Je eine abgesprühte Nocke auf jedes Petit Four setzen

> Die Petits Fours mit Kuvertüre-Dekor nach Belieben ausgarnieren

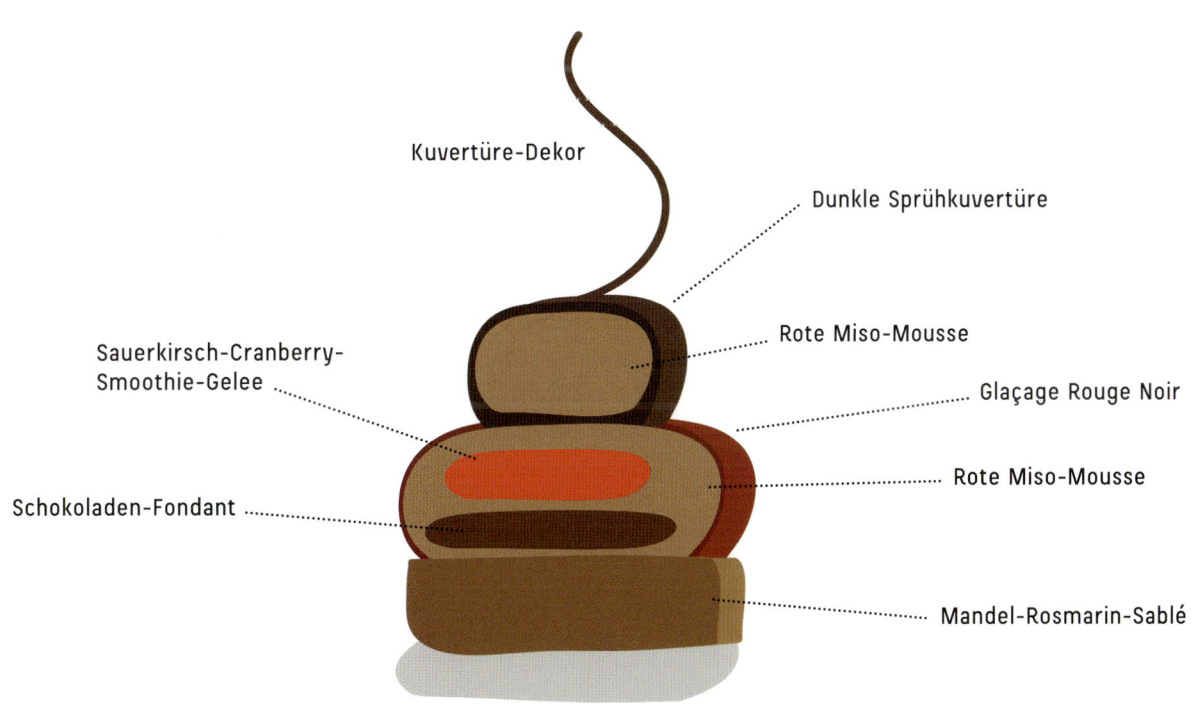

Kuvertüre-Dekor

Dunkle Sprühkuvertüre

Sauerkirsch-Cranberry-Smoothie-Gelee

Rote Miso-Mousse

Glaçage Rouge Noir

Rote Miso-Mousse

Schokoladen-Fondant

Mandel-Rosmarin-Sablé

BLACK SPHERE

PISTAZIEN-FINANCIER
MIT WALDBEEREN-VEILCHEN-GELEE

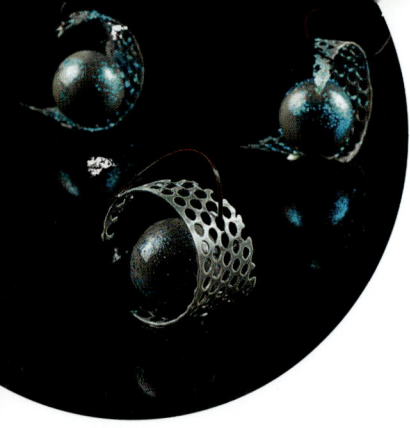

BLACK SPHERE

CHOYA-HOLUNDERBLÜTEN-PANNA-COTTA _____

200	g	Sahne
200	g	Choya (Japanischer Pflaumenwein)
100	g	Holunderblütensirup (Darbo)
40	g	Zucker
3	g	Iota (Sosa)
2	g	Johannisbrotkernmehl (Sosa)

> mischen, glatt mixen und aufkochen

> Masse zügig mithilfe eines Fülltrichters in kleine Silikon-Spherenformen (Pavoni: LS05) füllen und tieffrieren

SCHWARZE SESAM-MOUSSE AU CHOCOLAT BLANC _____

75	g	Vollei
40	g	Eigelb
25	g	Zucker
1		Prise Salz

> cremig aufschlagen

5	g	Gelatine 220 Bloom
10	g	Sesamlikör

> einweichen, auflösen und unterziehen

275	g	weiße Kuvertüre 37 % (Edel Weiß, Original Beans)

> auflösen und unterziehen

100	g	schwarze Sesampaste (Sosa)

> unterrühren

375	g	Sahne, geschlagen

> unterheben

NAPPAGE NOIR _____

150	g	Wasser
300	g	Zucker
300	g	Glukosesirup DE45

> auf 106 °C einkochen

200	g	gesüßte Kondensmilch
110	g	Gelatine-Mix (s.u.)
5	g	schwarze Schokoladenfarbe Mark von 2 Vanilleschoten

> unterrühren

> Glasur für mindestens 12 Stunden kühl stellen

> vor dem Gebrauch gut durchmixen, Luftblasenbildung dabei unbedingt vermeiden

> Verarbeitungstemperatur: 30 °C

GELATINE-MIX _____

600	g	Wasser
100	g	gemahlene Gelatine 220 Bloom

> glatt rühren

FERTIGSTELLUNG

> Kleine Silikon-Spherenformen (Pavoni: LS05) mit der Choya-Holunderblüten-Panna-cotta füllen und tieffrieren

> Die tiefgefrorenen Kugeln aus der Form nehmen und im Tiefkühler aufbewahren

> Silikon-Spherenformen (Pavoni: AF003) aufklappen und die untere Hälfte zu einem Drittel mit der Schwarzen Sesam-Mousse au chocolat füllen

> In die Mitte einen tiefgefrorenen, kleineren Spheren-Kern einlegen, anschließend die Formen schließen

> Die Formen mit der restlichen Schwarzen Sesam-Mousse au chocolat blanc füllen, dann tieffrieren

> Die tiefgefrorenen Kugeln aus der Form nehmen und mit der warmen Nappage noir überziehen und sofort mit blauem Glitter (Pavoni) abstauben

> Die überzogenen Kugeln auf eine Kuvertüre-Dekor-Welle setzen

> Die Petit-Four-Kugeln nach Belieben ausgarnieren

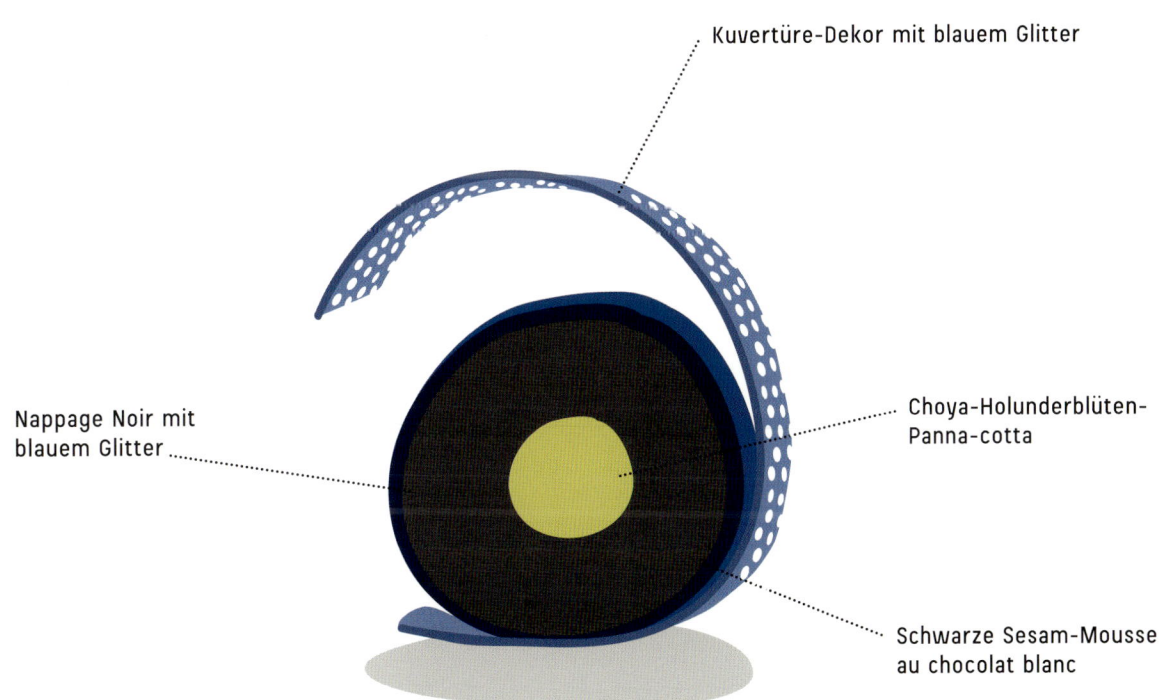

Kuvertüre-Dekor mit blauem Glitter

Nappage Noir mit blauem Glitter

Choya-Holunderblüten-Panna-cotta

Schwarze Sesam-Mousse au chocolat blanc

PISTAZIEN-FINANCIER MIT WALDBEEREN-VEILCHEN-GELEE

WALDBEEREN-VEILCHEN-GELEE

700	g	Waldbeeren-Veilchen-Püree (Capfruit)
200	g	Läuterzucker (1:1)
100	g	Wasser
20	g	Goma Gellan (Sosa)

> aufkochen und glatt mixen

> Gelee zügig in ein mit Frischhaltefolie ausgelegtes Blech (etwa 60 x 20 cm) füllen und tieffrieren

PISTAZIEN-FINANCIER-MASSE

250	g	Mandelgrieß (Lubeca)
130	g	Pistaziengrieß
240	g	Weizenmehl, Type 405
700	g	Puderzucker
655	g	Eiweiß
20	g	Pistazienpaste „Bronte" (Agrimontana)
20	g	Zitronensaft
	5	Tropfen Pistazienessenz (Sosa)

> glatt rühren

350	g	Nussbutter

> unterrühren

GLAÇAGE LAIT

150	g	Wasser
300	g	Zucker
300	g	Glukosesirup
10	g	orange fettlösliche Farbe (Cardin)

> auf 103 °C einkochen

200	g	gesüßte Kondensmilch (Nestlé)
140	g	Gelatine-Mix (siehe Seite 20)

> unterrühren

300	g	Milchkuvertüre 42 % (Esmeraldas Milk, Original Beans)

> unterrühren

> Verarbeitungstemperatur: 33 °C

> vor dem Gebrauch gut durchmixen, Luftblasenbildung dabei unbedingt vermeiden

FERTIGSTELLUNG

> Financiermasse zur Hälfte in Flexipan-Cakeformen (Silikomart: SF125) füllen

> Anschließend je einen tiefgefrorenen, zurechtgeschnittenen Gelee-Kern einlegen. (Der Gelee-Kern löst sich beim Backprozess nicht auf, behält die Form und sinkt nicht ab)

> Die Formen mit der restlichen Financiermasse füllen

> Backen: Umluftofen / 170 °C / etwa 12 Minuten

> Nach dem Backen tieffrieren

> Die tiefgefrorenen Financiers aus der Silikonform nehmen und mit der Glaçage lait überziehen

> Die überzogenen Financiers mit Kuvertüre-Dekor nach Belieben ausgarnieren

1

2

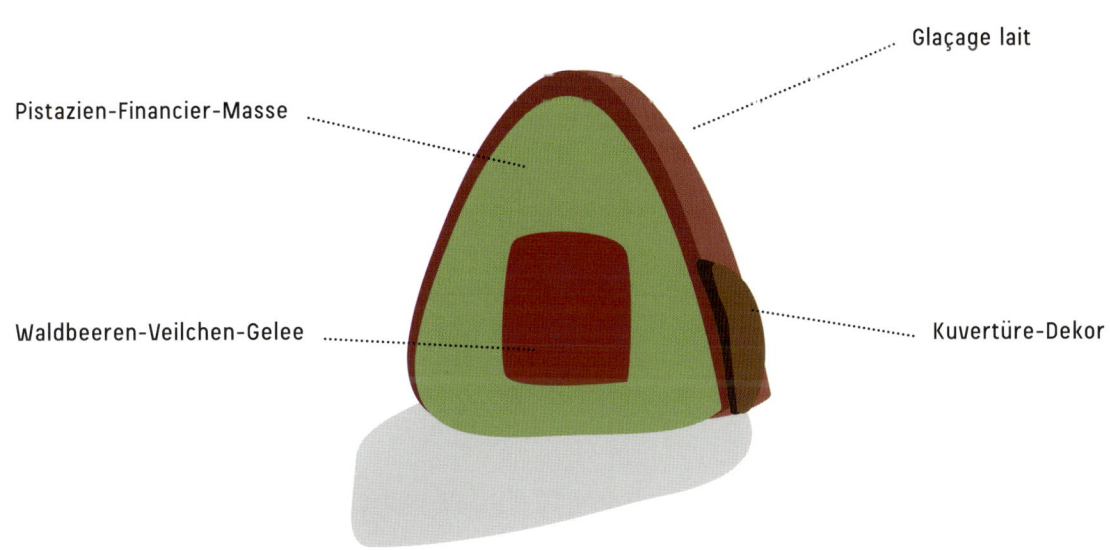

Pistazien-Financier-Masse

Glaçage lait

Waldbeeren-Veilchen-Gelee

Kuvertüre-Dekor

GERÄUCHERTE WATTLESEED-MILCH-MERINGEN

MILCHSCHAUM

500	g	Vollmilch
500	g	Eiweiß
200	g	Puderzucker
30	g	Albumin (Sosa)
12	g	Xanthan (Sosa)
3	g	Whip (Hydrolisiertes Milchprotein, Sosa)
3	g	gemahlene Wattleseeds (Samen der australischen Akazie) (Bos Food)

> einige Minuten bei langsamer Geschwindig-
keit luftig aufmixen

TIPP

> Mit dem Milchaufschäumer der Kaffeema-
schine aufschlagen

FERTIGSTELLUNG

> Den Milchschaum mit dem Steamer einer Kaffeema-
schine aufschäumen, dann in Silikonformen (Siliko-
mart: Mini Bar) einfüllen

> Die gefüllten Formen im Dehydrator (100%Chef)
bei 65 °C etwa 12 Stunden trocknen

> Die getrockneten Milch-Meringen vorsichtig aus der
Silikonform nehmen

> Die Meringen unter eine Glas-Cloche (100%Chef)
geben und mit einem Räuchergerät (100%Chef)
mit Sandelholz-Chips etwa 1 Minute räuchern

> Luftdicht aufbewahren

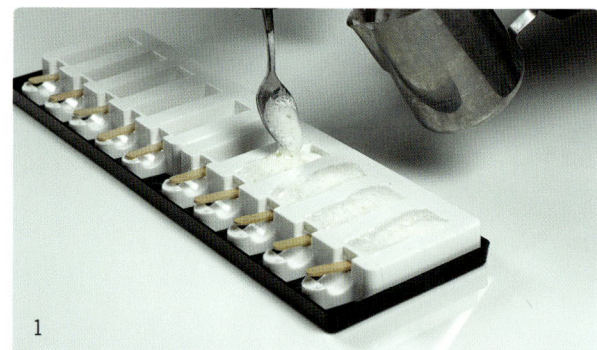

1

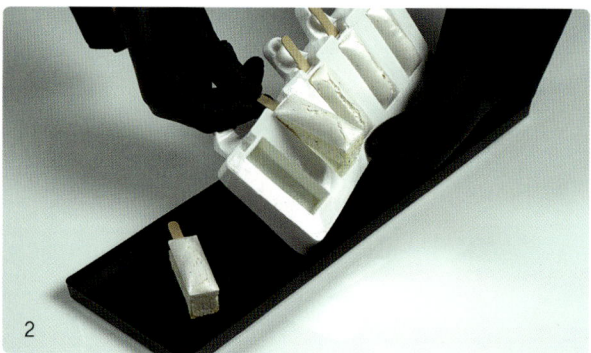

2

Geräucherte Wattleseed-Milch-Meringe

GERÄUCHERTE WATTLESEED-MILCH-MERINGEN

HERBSTLAUB

DAS EXPLODIERTE EI

SANDDORNBLÄTTER

500	g	Sanddornpüree (Capfruit)
200	g	Wasser

> verrühren

210	g	Zucker
12	g	Goma Gellan (Sosa)

> mischen, unterrühren und glatt mixen, dann aufkochen

MUSKATKÜRBISBLÄTTER

500	g	Muskatkürbispüree (Boiron)
200	g	Wasser

> verrühren

210	g	Zucker
12	g	Goma Gellan (Sosa)

> mischen, unterrühren und glatt mixen, dann aufkochen

HOLUNDERBEERENBLÄTTER

500	g	Holunderbeerpüree (Bos Food)
200	g	Wasser

> verrühren

210	g	Zucker
12	g	Goma Gellan (Sosa)

> mischen, unterrühren und glatt mixen, dann aufkochen

ROTE-BETE-BLÄTTER

500	g	Rote-Bete-Püree (Boiron)
200	g	Wasser

> verrühren

210	g	Zucker
12	g	Goma Gellan (Sosa)

> mischen, unterrühren und glatt mixen, dann aufkochen

FERTIGSTELLUNG

> Die verschiedenen Massen zügig dünn auf Silpatmatten aufstreichen (oder direkt auf Silikon-Blattformen gießen)

> Im Dehydrator (100%Chef) etwa 3 Stunden bei 65 °C trocknen lassen

> Mithilfe eines Ausstechers Blätter ausstechen

> Blätter zügig in Blattstempel (Deco Relief) drücken und diese weitere 5 Stunden trocknen lassen

> Luftdicht aufbewahren

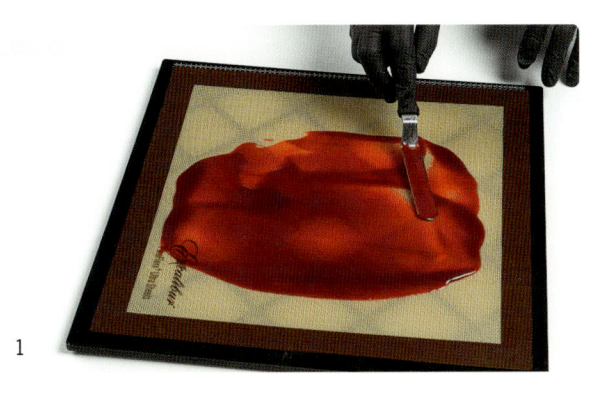

1

2

3

4

Gebundenes, dehydriertes Fruchtmark

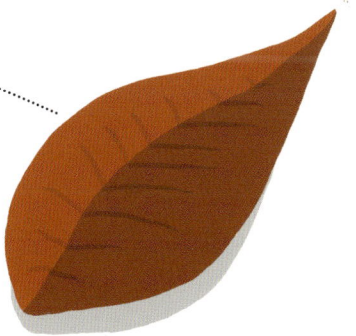

DAS EXPLODIERTE EI

KOKOS-MARSHMALLOW _____

| 175 | g | Kokospüree (Boiron) |
| 18 | g | Albumin (Sosa) |

> glatt mixen und aufschlagen

200	g	Wasser
100	g	Glukosesirup 45 °Bé
500	g	Zucker

> auf 130 °C einkochen

> heißen Zuckersirup in dünnem Strahl zum aufschlagenden Eiweiß geben

| 22 | g | Gelatine 230 Bloom |

> einweichen, ausdrücken und zugeben

> weiter luftig aufschlagen und die Masse kalt ausschlagen

MANGO-INGWER-SPHEREN _____

450	g	Mango-Ingwer-Püree (Capfruit)
50	g	Läuterzucker 1:1
5	g	Xanthan (Sosa)

> glatt mixen

> Fond in kleine Silikon-Dômeformen (Demarle: FP1242) füllen und tieffrieren

CALCICLÖSUNG _____

| 1000 | g | Wasser |
| 20 | g | Calcic (Sosa) |

> glatt rühren

ALGINBAD _____

| 1000 | g | Wasser |
| 10 | g | Algin (Sosa) |

> glatt mixen und dabei Luftblasenbildung vermeiden

> die gefrorenen Mango-Ingwer-Dômes aus der Silikonform nehmen

> Dômes nach und nach für wenige Sekunden in die Calciclösung geben, dann auf Küchenpapier gut abtropfen lassen

> anschließend für wenige Sekunden in das Alginbad geben und nochmals gut auf Küchenpapier abtropfen lassen

> danach noch einmal in die Calciclösung geben, erneut auf Küchenpapier abtropfen lassen und anschießend kurz mit klarem Wasser abspülen

> auf Küchenpapier abtropfen lassen

EIERSCHALEN _____

150	g	Agalita (weiße Tonerde / Mugaritz) (Bos Food)
100	g	Milchzucker
400	g	Wasser

> glatt rühren

> Plexiglasformen (Brunner) oder Silikonformen (Silikomart) dünn mit der Masse ausgießen, dann bei etwa 65 °C mindestens 12 Stunden im Dehydrator (100%Chef) trocknen

> die getrocknete Eierschalen vorsichtig aus der Form lösen

FERTIGSTELLUNG

> Die Eierschalen (können alternativ auch mit weiß eingefärbter weißer Kuvertüre hergestellt werden) vorsichtig wieder in die Formen legen

> Die Schalen zu Dreivierteln mit Kokos-Marshmallow-Masse füllen

> Jeweils eine gefrorene Mango-Ingwer-Sphere einlegen und die Formen im Schockfroster (-35 °C) tieffrieren

> Jeweils 2 Halbschalen zusammensetzen, auftauen lassen und servieren

> Alternativ kann das Ei auch kurz in flüssigen Stickstoff getaucht und dann aufgeschlagen werden

1

2

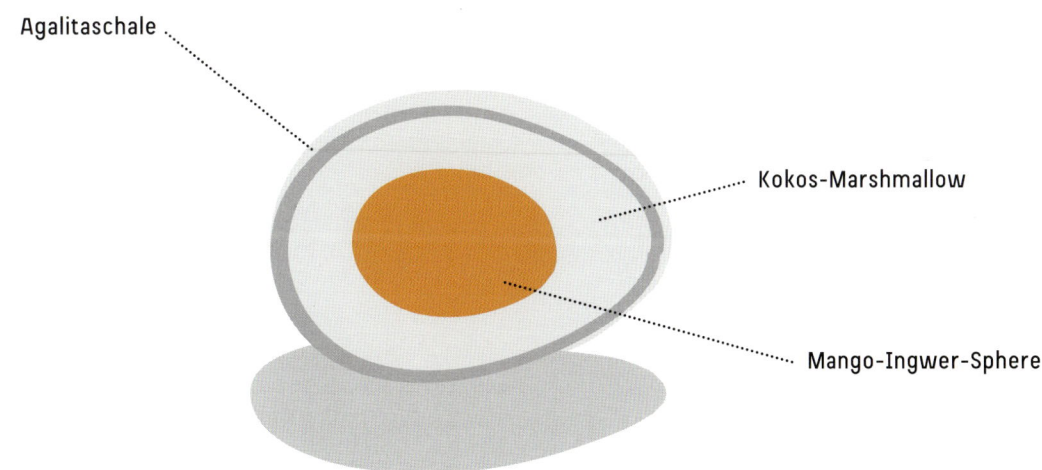

Agalitaschale

Kokos-Marshmallow

Mango-Ingwer-Sphere

MANGOSTANEN-MARSHMALLOW
MIT YUZU-MANGO-KARAMELL

Canneloni
GELEE-CANNELONI

MANGOSTANEN-MARSHMALLOW
MIT YUZU-MANGO-KARAMELL

YUZU-MANGO-KARAMELL _____

150	g	Zucker

> nach und nach zu goldenem Karamell schmelzen

90	g	Yuzupüree (Capfruit)
55	g	Mangopüree (Boiron)
		Mark von 1 Vanilleschote
3	g	Fleur de Sel

> mischen, leicht erwärmen und den goldenen Karamell damit ablöschen

> Karamell auf 35 °C abkühlen lassen

110	g	Butter

> im Thermomix untermixen und emulgieren

> Karamell mithilfe eines Fülltrichters in kleine Kuvertüreschälchen (Michel Cluizel: 2020003) füllen und im Schockfroster (-35 °C) tieffrieren

MANDEL-SABLÉ _____

300	g	Mandelgrieß
250	g	Weizenmehl, Type 405
150	g	Butter
100	g	Puderzucker
75	g	Vollei
		Mark von 2 Vanilleschoten
	1	Prise Salz

> rasch glatt kneten und über Nacht im Kühlschrank ruhen lassen

> Teig zu dünnen Platten ausrollen, dann wieder in die Kühlung geben

> Tartelettes-Ringe (Pavoni) mit der gekühlten Teigplatte auslegen und abbacken

MANGOSTANEN-MARSHMALLOW _____

175	g	Mangostanen-Fruchtfleisch, püriert und passiert
18	g	Albumin (Sosa)

> glatt mixen und aufschlagen

200	g	Wasser
100	g	Glukose Sirup 45 °Bé
500	g	Zucker

> auf 130 °C einkochen

> heißen Sirup in dünnem Strahl zum aufschlagenden Eiweiß geben und weiter aufschlagen

22	g	Gelatine 230 Bloom

> einweichen, ausdrücken und zugeben

> Masse kalt ausschlagen

FERTIGSTELLUNG

> Die Marshmallowmasse mithilfe eines Spitzbeutels
> über die mit dem Yuzu-Mango-Karamell gefüllten
> Kuvertüreschälchen spritzen; gut abtrocknen lassen

> Die getrockneten Marshmallow-Hütchen mit dunkler
> Kuvertüre 75 % (Piura Porcelana, Original Beans) über-
> ziehen und sofort mit Gold-Glitter (Pavoni) abstauben

> Die gefüllten und überzogenen Marshmallows
> in die vorgebackenen Tartelettes setzen und mit
> Kuvertüre-Dekor nach Belieben ausgarnieren

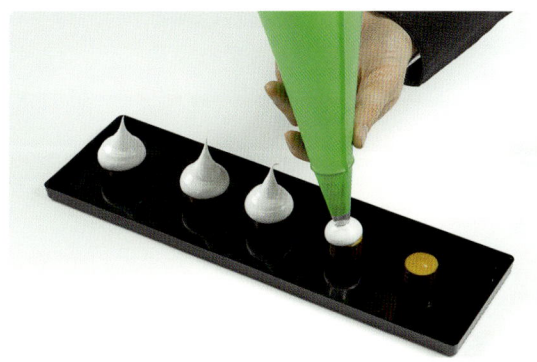

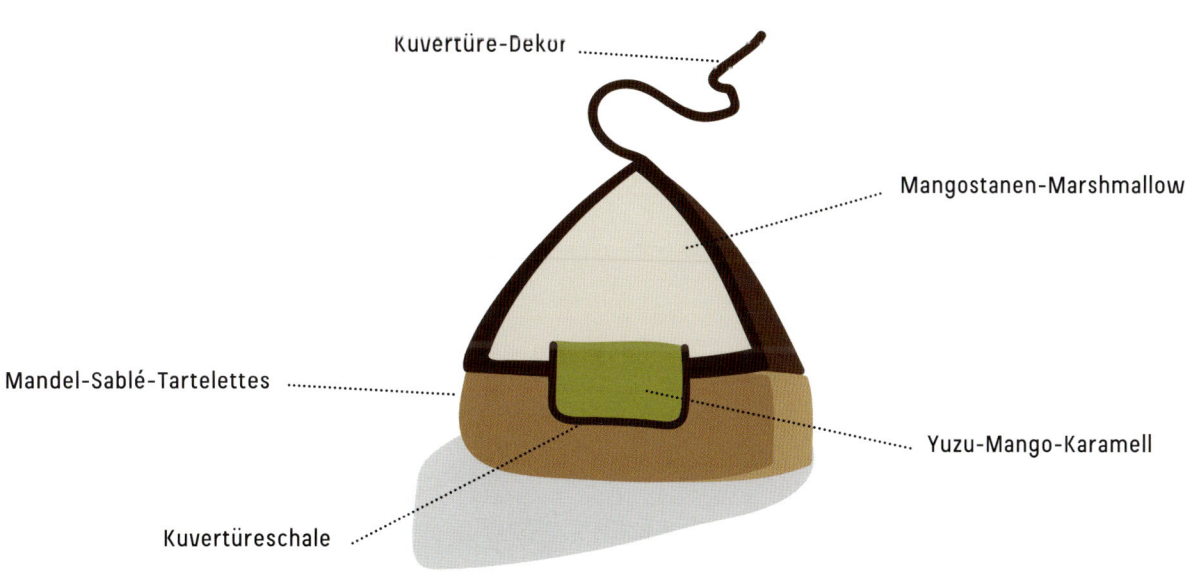

Kuvertüre-Dekor

Mangostanen-Marshmallow

Mandel-Sablé-Tartelettes

Yuzu-Mango-Karamell

Kuvertüreschale

MANDEL-SABLÉ (AM VORTAG HERSTELLEN)

300	g	Mandelgrieß
250	g	Weizenmehl, Type 405
150	g	Butter
100	g	Puderzucker
75	g	Vollei
		Mark von 2 Vanilleschoten
1		Prise Salz

> rasch verkneten und kühl stellen

TRÜFFELHONIG-MILCHSCHOKOLADEN-GELEE

20	g	Rohrzucker
4	g	Pektine X58 (Sosa)

> mischen

300	g	Milch
20	g	Trüffelhonig (Bos Food)

> zugeben, glatt rühren und aufkochen

240	g	Milchkuvertüre 42 % (Esmeraldas Milk, Original Beans)

> unterrühren, glatt mixen und emulgieren

SANDDORN-TRÜFFELHONIG-GELEE

200	g	Wasser
100	g	Läuterzucker
100	g	Trüffelhonig (Bos Food)
100	g	Sanddornpüree (Capfruit)
7	g	Goma Gellan (Sosa)

> glatt mixen und aufkochen

SANDDORN-SMOOTHIE-GELEE

350	g	Sanddornpüree (Capfruit)
100	g	Läuterzucker 1:1
50	g	Sanddorn-Likör
22	g	Instangel (Sosa)

> im Thermomix für mindestens 2 Minuten auf Highspeed kalt aufmixen

> Geleefond in eine Schüssel geben und im Kühlschrank aushärten lassen

> das feste Gelee in der Küchenmaschine auf Highspeed cremig und luftig aufschlagen

FERTIGSTELLUNG

> Den am Vortag hergestellten Sabléteig dünn ausrollen und die ausgerollten Teigplatten wieder in die Kühlung geben

> Tartelettes-Ringe (Pavoni) mit den gekühlten Sabléteigplatten auslegen, dann blind backen

> Das Trüffelhonig-Milchschokoladen-Gelee mithilfe eines Fülltrichters in den innersten Ring der Canneloniformen (Design Cuisine) füllen, dann tieffrieren

> Sobald das Gelee gefroren ist, die äußeren Plexiglas-Röhren abdrehen und jeweils eine größere Röhre darum stellen

> Dort hinein das Sanddorn-Trüffelhonig-Gelee füllen, wieder tieffrieren (den innersten Ring vorher mit Silikonkugeln verschließen)

> Dann die innerste Plexiglasröhre entnehmen und dort hinein das Sanddorn-Smoothie-Gelee füllen, wieder tieffrieren

> Von den gefrorenen Cannelonis die letzten (äußeren) Plexiglas-Röhren abdrehen und die Cannelonis in die gewünschte Form schneiden

> Die Gelee-Cannelonis in den vorgebackenen Mandelsablé-Tartelettes platzieren und mit Kuvertüre-Dekor nach Belieben ausgarnieren

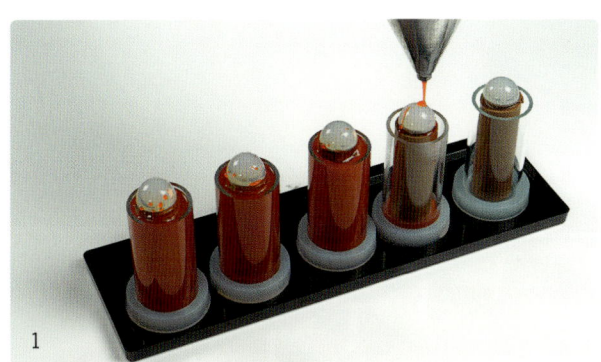

1

2

3

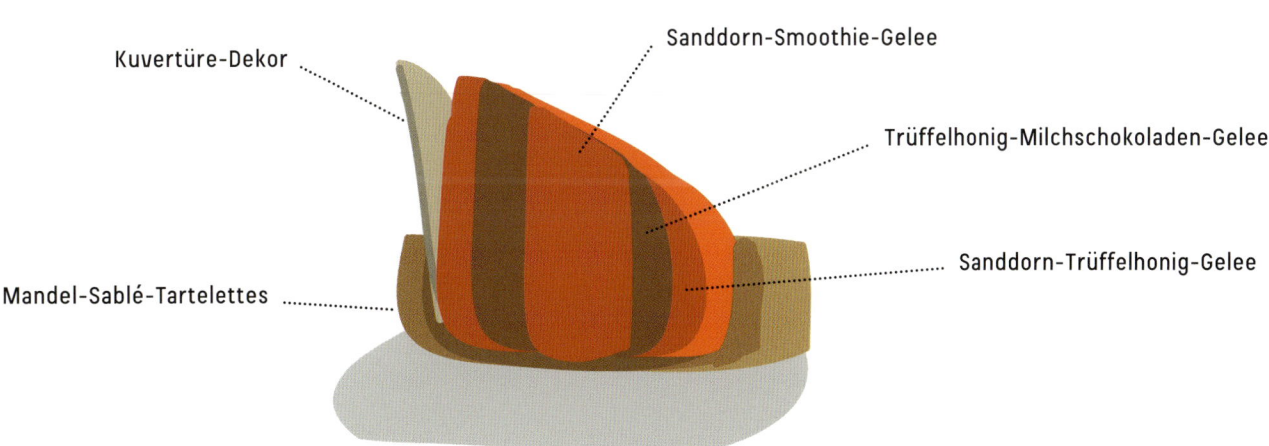

Kuvertüre-Dekor

Sanddorn-Smoothie-Gelee

Trüffelhonig-Milchschokoladen-Gelee

Sanddorn-Trüffelhonig-Gelee

Mandel-Sablé-Tartelettes

IAN MATTHEW BAKER

»Mit Modernität, Innovation und ständiger Wissenserweiterung gehen wir in die Zukunft. Doch wir dürfen nie unsere Wurzeln vergessen, denn sie sind die Basis für unser heutiges Wissen.«

EARL-GREY-ZITRONEN-PRALINE

EARL-GREY-ZITRONEN-GANACHE

570	g	Sahne
		> aufkochen
60	g	Earl-Grey-Teeblätter (The Rare Tea Company)
30	g	unbehandelter Zitronenabrieb
		> zugeben und in der heißen Sahne maximal 5 Minuten ziehen lassen
		> durch ein Sieb passieren
400	g	Zitronensahne
		> auf etwa 65 °C erwärmen (nicht kochen!)
450	g	Milchkuvertüre 40 % (Jivara Lactée, Valrhona)
150	g	dunkle Kuvertüre 70 % (Guanaja, Valrhona)
		> auflösen, temperieren und unterrühren
		> Ganache emulgieren

FERTIGSTELLUNG

> Die glatte Ganache in einen Pralinenrahmen (34 x 34 cm / Höhe 1,2 cm) geben und glatt streichen

> Die Ganache im Kühlschrank kristallisieren lassen

> Die kristallisierte Ganache aus dem Kühlschrank nehmen und hauchdünn mit dunkler Kuvertüre 70 % (Guanaja, Valrhona) bestreichen

> Die Ganacheplatte mit der Pralinenharfe in 2,5 x 2,5 cm große Stücke schneiden

> Die einzelnen Stücke mit dunkler Kuvertüre 70 % (Guanaja, Valrhona) überziehen und auf Schokoladen-Musterfolie absetzen, dann etwa 30 Minuten im Kühlschrank aushärten lassen

> Die überzogenen Pralinen aus dem Kühlschrank nehmen, die Musterfolie abziehen und luftdicht bei etwa 15 °C aufbewahren (maximal 2 Monate haltbar)

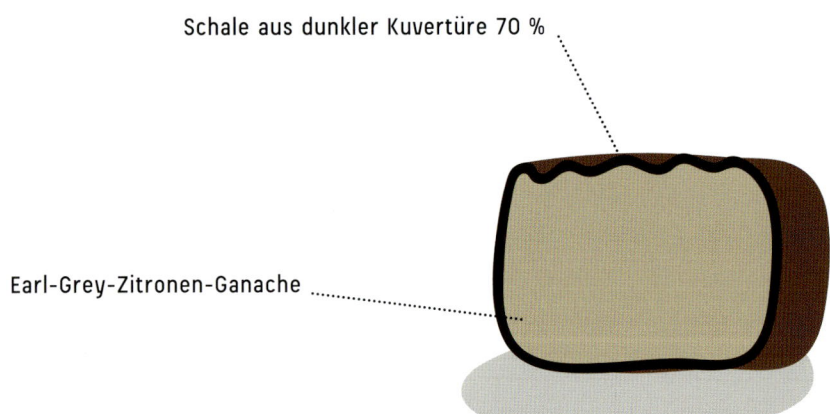

Schale aus dunkler Kuvertüre 70 %

Earl-Grey-Zitronen-Ganache

EARL-GREY-ZITRONEN-PRALINE

BITTERMANDEL-MADRAS-CURRY-PRALINE

BITTERMANDEL-MADRAS-CURRY-PRALINE

MANDEL-CURRY-GANACHE

100	g	Kokosmilch (Boiron)
150	g	gesüßte Kokospaste (Asialaden)
10	g	Madras-Currypulver
		> aufkochen
350	g	dunkle Kuvertüre 70 % (Guanaja, Valrhona)
		> temperieren und unterrühren
150	g	weiche Butter
150	g	Mandelpraliné-Masse 60 %
5	g	Maldon Sea Salt
		> unterrühren, glatt mixen und emulgieren

FERTIGSTELLUNG

> Die Pralinen-Poycarbonatform „Kakaobohne" (Barry) mit Watte auspolieren

> Die eine Seite der Form mit goldener Kakaobutter (PCB) aussprühen

> Die zweite Seite der Form mit roter Kakaobutter (PCB) aussprühen (etwas intensiver als die goldene)

> Sobald die Kakaobutter fest geworden ist, die Oberfläche der Form reinigen

> Die Form dünn mit dunkler Kuvertüre 55 % (Equatoriale Noire, Valrhona) ausgießen

> Sobald die Kuvertüre angezogen hat, die Ganache bei 25 °C bis etwa 1 mm unter den Rand der Form einfüllen

> Sobald die Ganache kristallisiert ist (nach etwa 3 Stunden), die Form mit dunkler Kuvertüre 55 % (Equatoriale Noire, Valrhona) schließen

> Die Formen für etwa 30 Minuten in den Kühlschrank geben, dann entnehmen und ausformen

> Die Pralinen bei etwa 15 °C luftdicht aufbewahren (maximal 2 Monate haltbar)

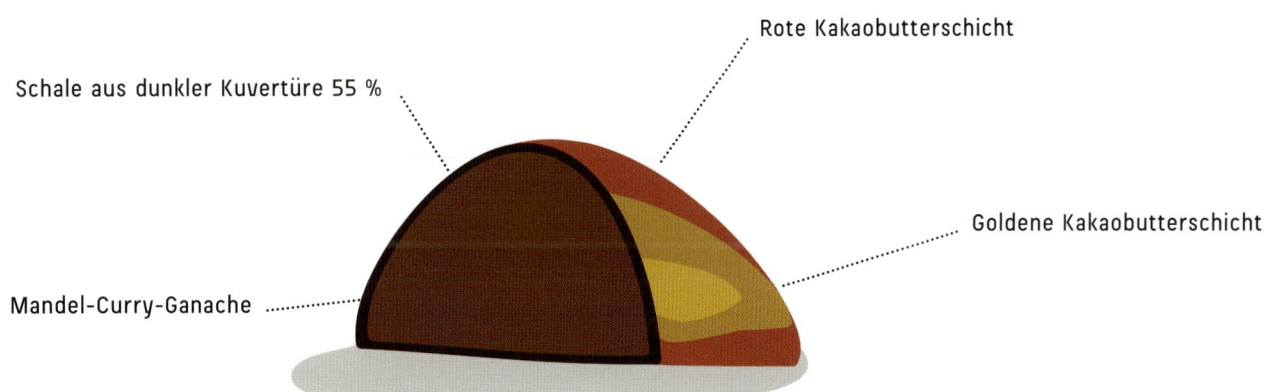

Rote Kakaobutterschicht

Schale aus dunkler Kuvertüre 55 %

Goldene Kakaobutterschicht

Mandel-Curry-Ganache

NOUGAT MONTÉLIMAR MIT
BIRNE, CRANBERRY & TONKABOHNE

AMERICAN CHEESECAKE MIT
KALAMANSI-CURD, VANILLE & BAISER

NOUGAT MONTÉLIMAR MIT
BIRNE, CRANBERRY & TONKABOHNE

NOUGAT MONTÉLIMAR
MIT BIRNE, CRANBERRY & TONKABOHNE ⸺⸺⸺⸺⸺

50	g	Eiweiß
30	g	Zucker
10	g	Trockeneiweiß

> zu cremigem Eischnee aufschlagen

230	g	Honig

> auf 122 °C einkochen und in einem dünnen Strahl zum Eiweiß geben, dabei weiter aufschlagen

380	g	Zucker
120	g	Glukosesirup 45 °Bé
100	g	Wasser

> auf 155 °C einkochen und in einem dünnen Strahl zum Eiweiß geben, dabei weiter aufschlagen

50	g	Kakaobutter

> auflösen und unterrühren, dann weiter glatt aufschlagen

150	g	ganze Mandeln, geröstet
100	g	ganze Pistazien
100	g	getrocknete Cranberrys
75	g	getrocknete Birnenwürfel (1 x 1 cm)
70	g	geröstete Piemonteser Haselnüsse
70	g	Mandelblättchen, geröstet
50	g	getrocknete Pflaumenwürfel (1 x 1 cm)
1		Tonkabohne, gemahlen
		Mark von 1 Vanilleschote

> mischen und unterrühren

FERTIGSTELLUNG ⸺⸺⸺⸺⸺

> Die Masse sofort (!) auf eine große rechteckige Oblate (30 x 40 cm) geben, mit Backpapier abdecken und auf etwa 2,5 cm Stärke ausrollen

> Das ausgerollte Montélimar-Rechteck mit einer zweiten Oblate abdecken, leicht anpressen und über Nacht auskühlen lassen

> Am nächsten Tag die Montélimarplatte in 2,5 x 2,5 cm große Stücke schneiden

> Die einzelnen Stücke in Zellophanpapier wickeln und die Bonbons luftdicht aufbewahren (maximal 3 Monate haltbar)

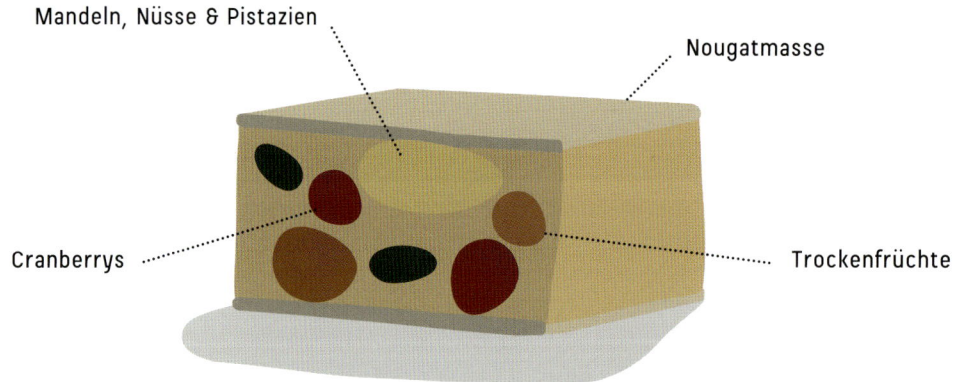

Mandeln, Nüsse & Pistazien

Nougatmasse

Cranberrys

Trockenfrüchte

AMERICAN CHEESECAKE MIT KALAMANSI-CURD, VANILLE & BAISER

VANILLE-SABLÉ

250	g	Weizenmehl, Type 405
150	g	Butter
95	g	Puderzucker
50	g	Vollei
30	g	Mandelgrieß
		Mark von 1 Vanilleschote
		Salz

> rasch zu einem glatten Teig kneten
> Teig über Nacht in den Kühlschrank geben
> am nächsten Tag 3 mm dick ausrollen
> mit einem Ausstecher (4,5 x 4,5 cm) Quadrate herstellen
> Teigplatten auf Silpatmatten geben und etwa 1 Stunde in den Kühlschrank stellen
> Backen: Umluftofen / 180 °C / etwa 12 Minuten

CHEESECAKE

320	g	Frischkäse
10	g	Kalamansipüree (Boiron)

> glatt rühren

120	g	Zucker
100	g	Wasser

> auf 120 °C einkochen und unterrühren

10	g	Gelatine 220 Bloom

> einweichen, ausdrücken, auflösen und unterrühren

175	g	Sahne, geschlagen

> unterheben

KALAMANSI-CURD

200	g	Kalamansipüree (Boiron)
100	g	Zucker
400	g	Vollei

> im Thermomix unter ständigem Rühren auf 90 °C erhitzen

10	g	Gelatine 220 Bloom

> einweichen, ausdrücken und unterrühren. Weitermixen und die Creme auf etwa 60 °C abkühlen lassen

500	g	Butter

> untermixen und emulgieren
> Kalamansi-Curd mithilfe eines Spritzbeutels in kleine Silikon-Dômeformen (3 cm) füllen, glatt streichen und tieffrieren

WEISSE SCHOKOLADEN-LIMETTEN-GLASUR

150	g	Glukosesirup
150	g	Zucker
75	g	Wasser

> auf 103 °C einkochen

225	g	Sahne
100	g	Kondensmilch
15	g	Gelatine „Platin", eingeweicht und ausgedrückt

> unterrühren

550	g	weiße Kuvertüre 33 % (Opalys, Valrhona)

> unterrühren

150	g	Absolut Crystal Nappage (Valrhona)
10	g	Titandioxid

> unterrühren

ITALIENISCHE MERINGE

300	g	Eiweiß

> zu cremigem Eischnee aufschlagen

300	g	Zucker
200	g	Wasser

> auf 122 °C kochen

> den heißen Zuckersirup in einem dünnen Strahl in den Eischnee laufen lassen, die Masse dann kalt ausschlagen lassen

FERTIGSTELLUNG

> Plastikformen (PCB: KT 536) zu Dreivierteln mit der Cheesecakemasse füllen

> Die tiefgefrorenen Kalamansi-Curd-Dômes ausformen und jeweils einen in die Cheesecakemasse drücken, glatt streichen und tieffrieren

> Die gefrorenen Cakes aus dem Froster nehmen, aus den Formen drücken und mit der warmen Glasur (28 °C) überziehen.

> Die glasierten Törtchen dünn mit Limettenabrieb bestreuen und akkurat in die Mitte eines Sablé-Quadrates setzen

> Die Italienische Meringe in einen Spritzbeutel (Lochtülle: 15 mm) geben und auf jeden Cake einen Tupfen dressieren, dann mit einem Bunsenbrenner leicht abflämmen

> Die Cakes mit grünem Kuvertüre-Dekor, Blattsilber und frischer Limetten-Kresse ausgarnieren

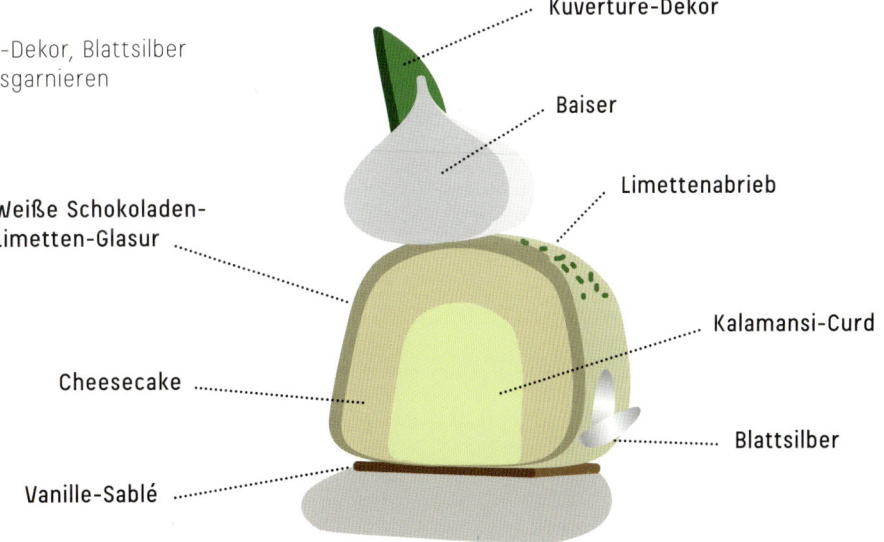

Kuvertüre-Dekor

Baiser

Limettenabrieb

Kalamansi-Curd

Blattsilber

Weiße Schokoladen-Limetten-Glasur

Cheesecake

Vanille-Sablé

HASELNUSS & ZITRONE

APRIKOSEN-EARL-GREY & HASELNUSS-ROCHER

SCHOKOLADEN-JOCONDE _____

150	g	Vollei
120	g	Mandelgrieß
120	g	Puderzucker
20	g	Weizenmehl, Type 405
10	g	Kakaopulver

> vermischen

35	g	heiße Butter, aufgelöst

> unterrühren

90	g	Eiweiß
35	g	Zucker
1		Prise Salz

> zu cremigem Eischnee aufschlagen, anschließend vorsichtig unterheben

> Masse auf Silpatmatten streichen und bei 200 °C etwa 10 Minuten backen

HASELNUSS-DACQUOISE _____

300	g	Eiweiß
450	g	Zucker

> zu festem Eischnee aufschlagen

170	g	Haselnussgrieß
115	g	Mandelgrieß
60	g	Weizenstärke

> mischen und untermelieren

75	g	heiße Butter, aufgelöst

> vorsichtig unterziehen

> Masse dünn auf Silpatmatten streichen und bei 150 °C etwa 20 Minuten backen

ZITRONEN-CURD _____

100	g	Zitronensaft
100	g	Limettensaft
280	g	Vollei
200	g	Zucker

Abrieb von 3 unbehandelten Limetten
Abrieb von 3 unbehandelten Zitronen

> im Thermomix auf 90 °C erhitzen und mixen

15	g	Gelatine „Platin"

> einweichen, ausdrücken und zugeben

425	g	Butter

> untermixen

GIANDUJA-MOUSSE _____

280	g	Sahne
175	g	Eigelb
150	g	Zucker

> im Thermomix auf 80 °C erhitzen und mixen

24	g	Gelatine „Platin"

> einweichen, ausdrücken und zugeben

575	g	Gianduja Noir (Gianduja Noisette Noir 32 % Valrhona)

> unterrühren

> Ganache auf 35 °C abkühlen lassen

375	g	Sahne, geschlagen

> unterheben

PRALINÉ-GLASUR _____

180	g	Läuterzucker (1:1)
700	g	Sahne
120	g	Honig

> aufkochen

300	g	dunkle Kuvertüre 70 % (Guanaja, Valrhona)
750	g	Gianduja Noir (Gianduja Noisette Noir 32 % Valrhona)

> unterrühren

75	g	Traubenkernöl

> unterrühren

FERTIGSTELLUNG

> Einen Alurahmen (60 x 40 cm) um die Schokoladen-Joconde stellen
> Den Joconde-Biskuit dünn mit heißer Aprikosenkonfitüre aprikotieren
> Die Haselnuss-Dacquoise zurechtschneiden und darauflegen
> Darauf wiederum eine Schicht Zitronen-Curd streichen und einfrieren
> Sobald alles tiefgefroren ist, die Gianduja-Mousse aufstreichen und erneut einfrieren
> Dann den Rahmen entnehmen und den tiefgefrorenen Gateaux in 5 cm breite Streifen schneiden
> Die Streifen mit der Praliné-Glasur glasieren, dann kurz anfrieren lassen
> Etwa 2,5 cm dicke Scheiben von den glasierten Stangen abschneiden
> Die einzelnen Petits Fours mit Kuvertüre-Dekor, Blattgold und karamellisierten Haselnüssen dekorieren

1

2

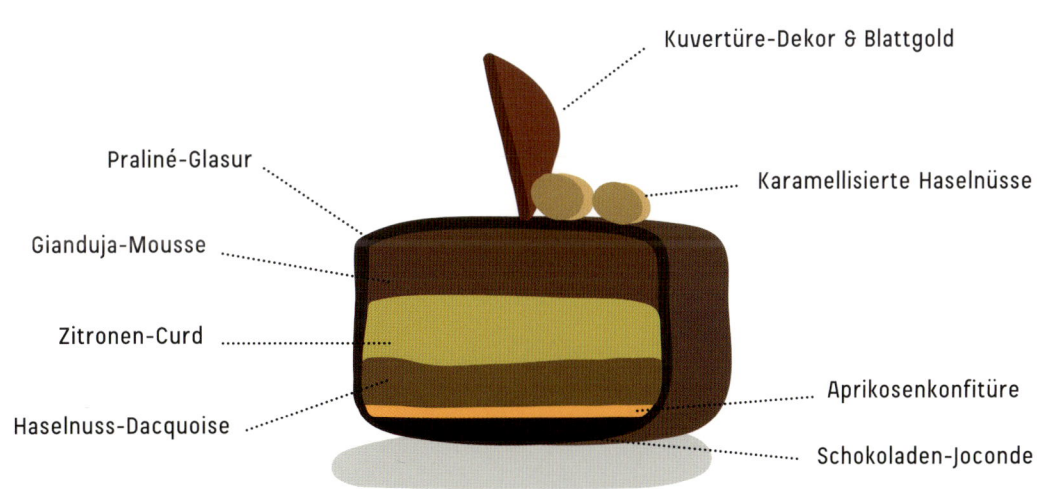

Kuvertüre-Dekor & Blattgold

Praliné-Glasur

Gianduja-Mousse

Zitronen-Curd

Haselnuss-Dacquoise

Karamellisierte Haselnüsse

Aprikosenkonfitüre

Schokoladen-Joconde

CRÈME D'AMANDE

375	g	Mandelgrieß
375	g	weiche Butter
375	g	Puderzucker
300	g	Vollei
100	g	Weizenmehl, Type 405
50	g	Marillenlikör

> glatt rühren

CRÈME PÂTISSIÈRE

250	g	Milch
250	g	Creme double
120	g	Eigelb
100	g	Zucker
60	g	Cremepulver
		Mark von 2 Vanilleschoten

> alle Zutaten zu einer Vanillecreme abbinden

FRANGIPANECREME

1000	g	Crème d'Amande (s.o.)
500	g	Crème pâtissière (s.o.)

> glatt rühren

500	g	Aprikosen, in kleine Würfel geschnitten

> unterrühren

EARL-GREY-MOUSSELINE

250	g	Milch
50	g	Earl-Grey-Teeblätter
250	g	Crème double
120	g	Eigelbe
100	g	Zucker
60	g	Cremepulver

> Teeblätter 5 Minuten in der Milch ziehen lassen, dann abpassieren

> alle Zutaten zu einer Creme abbinden

> Creme auskühlen lassen

500	g	weiche Butter

> unterrühren

HASELNUSS-ROCHER

500	g	Eiweiß
300	g	Zucker

> zu einem festen Eischnee aufschlagen

100	g	Haselnussgrieß
80	g	Mandelgrieß
60	g	Haselnusskrokant

> unterheben

> Masse dünn auf Silpatmatten streichen und bei 160 °C backen

> die ausgekühlte Meringe in kleine Stücke brechen

250	g	Eiweiß
100	g	Zucker

> zu cremigem Eischnee aufschlagen

> Meringenstückchen unterheben

> kleine Häufchen auf Silpatmatten setzen und bei 160 °C goldbraun trocknen, dann luftdicht aufbewahren

FERTIGSTELLUNG

> Die Frangipanecreme zu Dreivierteln Höhe in kleine Silikon-Würfelformen füllen, dann bei 180 °C goldbraun backen

> Nachdem Auskühlen die Würfel aus der Form nehmen und einzeln mit heißer Aprikosenkonfitüre aprikotieren

> Die aprikotierten Würfel auf Lolli-Stiele stecken

> Die Earl-Grey-Mousseline mithilfe eines Spritzbeutels (Tülle F8) in kleinen Rosetten auf die Würfel dressieren

> Die Haselnuss-Rocher-„Steine" mit Puderzucker bestäuben und jeweils einen Stein auf jede Rosette setzen

> Die Cake Pops mit etwas Blattgold, einem kleinen Schokoladen-Bogen und frischen oder eingelegten Aprikosenachteln ausgarnieren

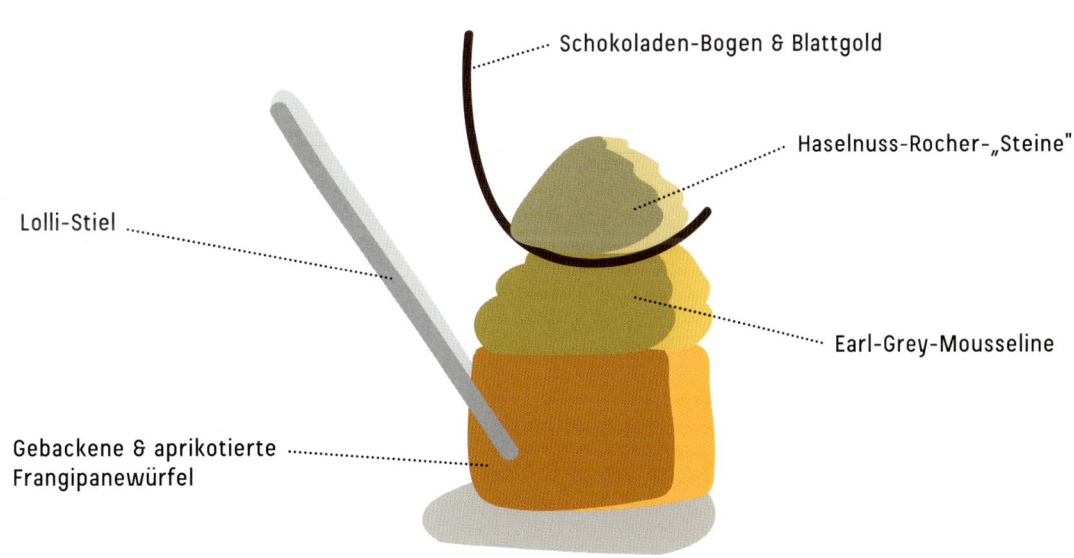

Schokoladen-Bogen & Blattgold

Haselnuss-Rocher-„Steine"

Lolli-Stiel

Earl-Grey-Mousseline

Gebackene & aprikotierte
Frangipanewürfel

KAROTTEN-ANANAS-KOKOS & FRISCHKÄSE

MY COOKIES –
SCHOKOLADEN-CHIPS, HASELNÜSSE, PEKAN- & PARANÜSSE

KAROTTEN-ANANAS-KOKOS & FRISCHKÄSE

KAROTTENKUCHEN _____

375	g	Karotten, fein geraspelt
200	g	Vollei
180	g	Muscovadozucker
140	g	Rapsöl
180	g	Roggenmehl
100	g	Kokosraspel
20	g	Backpulver
6	g	gemahlener Zimt
2	g	geriebene Muskatnuss

> glatt rühren

80	g	Ananas, in kleine Würfel geschnitten

> unterheben

> Masse in Cake-Pop-Formen geben und bei 170 °C 15–20 Minuten backen

FRISCHKÄSE-FROSTING _____

375	g	Frischkäse (Philadelphia)
190	g	Puderzucker
190	g	weiche Butter

> glatt rühren

FERTIGSTELLUNG _____

> Die ausgekühlten Cakes aus der Form nehmen und einzeln auf Lolli-Stiele stecken, dann kurz anfrosten

> Die Cakes mit heißer Aprikosenkonfitüre aprikotieren

> Die Frischkäsecreme in einen Spritzbeutel füllen (Lochtülle Nr. 10) und kleine Tupfen auf die aprikotierten Cakes dressieren

> Die Cake Pops mit feinem Krokant, je einer kleinen Marzipan-Karotte, kleinen Fondant-Blüten und etwas Blattgold dekorieren

Fondant-Blüte

Marzipan-Karotte

Frischkäse-Frosting

Krokant

Lolli-Stiel

Aprikotierter Karottenkuchen

SCHOKOLADEN-CHIPS,
HASELNÜSSE, PEKAN- & PARANÜSSE

<table>
<tr><td colspan="3">TEIG</td></tr>
<tr><td>700</td><td>g</td><td>Butter</td></tr>
<tr><td>600</td><td>g</td><td>Zucker</td></tr>
<tr><td>400</td><td>g</td><td>Rohrzucker</td></tr>
<tr><td>20</td><td>g</td><td>Salz</td></tr>
<tr><td></td><td></td><td>> glatt rühren</td></tr>
<tr><td>1100</td><td>g</td><td>Weizenmehl, Type 405</td></tr>
<tr><td>20</td><td>g</td><td>Backpulver</td></tr>
<tr><td></td><td></td><td>> mischen, sieben und unterrühren</td></tr>
<tr><td>350</td><td>g</td><td>Vollei</td></tr>
<tr><td></td><td></td><td>> unterrühren</td></tr>
<tr><td>500</td><td>g</td><td>weiße Schokoladen-Perlen (Valrhona)</td></tr>
<tr><td>500</td><td>g</td><td>dunkle Schokoladen-Perlen (Valrhona)</td></tr>
<tr><td>150</td><td>g</td><td>Haselnüsse, gehobelt</td></tr>
<tr><td>150</td><td>g</td><td>Pekannüsse, gehackt</td></tr>
<tr><td>150</td><td>g</td><td>Paranüsse, gehackt</td></tr>
<tr><td></td><td></td><td>> mischen und rasch unterkneten</td></tr>
</table>

FERTIGSTELLUNG

> Den Teig über Nacht in den Kühlschrank stellen

> Am nächsten Tag aus dem Teig Rollen (4 cm) formen, diese erneut in den Kühlschrank stellen

> Die Teigrollen in 1,5 cm dicke Scheiben schneiden, diese mit reichlich Abstand auf ein Blech legen und abbacken

> Backen: Umluftofen / 180 °C / etwa 12 Minuten

> Die Cookies vor dem Verzehr 4–5 Tage luftdicht aufbewahren, damit sie ihre knusprige Textur voll entfalten können

1

2

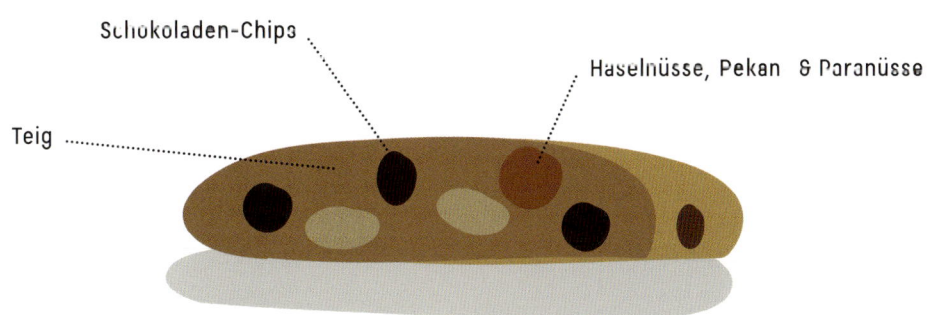

Schokoladen-Chips

Haselnüsse, Pekan & Paranüsse

Teig

CANTUCCINI MIT ZITRONE, PISTAZIE & VANILLE

CANTUCCINI-TEIG _____

500	g	Weizenmehl, Type 405
440	g	Zucker
200	g	Vollei
75	g	Mandelgrieß
20	g	Backpulver
		Abrieb von 2 unbehandelten Zitronen
		Mark von 2 Vanilleschoten

> rasch miteinander verkneten

100	g	weiße ganze Mandeln
100	g	gehobelte Mandeln
100	g	Pistazien

> mischen und zügig unterkneten

FERTIGSTELLUNG _____

> Den Teig in 4 gleich große Stücke aufteilen, diese zu 5 cm breiten und 2 cm hohe Platten formen

> Backen: 160 °C / etwa 15 Minuten

> Die gebackenen Cantucciniplatten über Nacht in den Froster geben

> Am nächsten Tag die vorgebackenen Platten aus dem Froster nehmen und in 1 cm breite Stücke schneiden

> Die einzelnen Cantuccini bei 180 °C goldbraun backen

> Luftdicht in einer Box aufbewahren (maximal 2 Wochen haltbar)

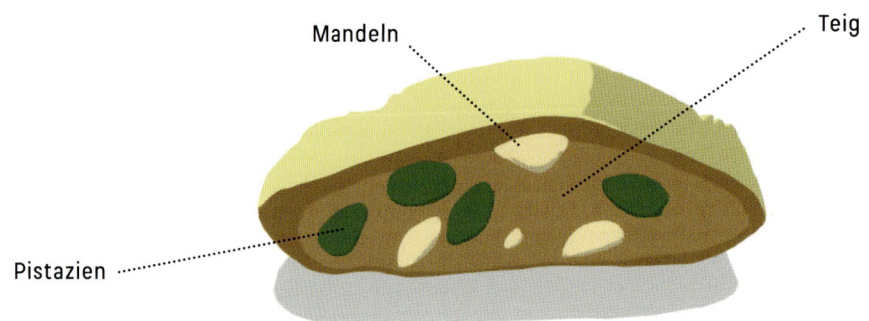

Mandeln

Teig

Pistazien

Cantuccini

CANTUCCINI MIT ZITRONE, PISTAZIE & VANILLE

ESPRESSO-ZICHORIEN-MARSHMALLOWS MIT KOKOS

ESPRESSO-ZICHORIEN-MARSHMALLOWS MIT KOKOS

MARSHMALLOWMASSE

200	g	**Eiweiß**
		> cremig aufschlagen
720	g	**Zucker**
720	g	**Glukosesirup 45 °Bé**
200	g	**Wasser**
		> auf 126 °C kochen und in einem dünnen Strahl zum Eiweiß geben, dabei weiter aufschlagen
24	g	**Gelatine 220 Bloom**
		> einweichen und ausdrücken
75	g	**Zichoriensirup (Chicory and Coffee Essence Camp)**
100	g	**Espresso**
		> zur Gelatine geben, darin auflösen und zur Meringenmasse geben
		> Meringenmasse kalt ausschlagen (35 °C)

FERTIGSTELLUNG

> Die Marshmallowmasse in einen Rahmen auf Backpapier (dieses vorher mit Trennfettspray einsprühen) geben und glatt streichen

> Die Marshmallowmasse bei Raumtemperatur mindestens 12 Stunden trocknen lassen

> Am nächsten Tag die Marshmallowplatte in etwa 3 x 3 cm große Würfel schneiden

> Die Marshmallowwürfel in leicht gerösteten Kokosflocken wälzen und luftdicht aufbewahren (maximal 1 Woche haltbar)

Geröstete Kokosflocken

Espresso-Zichorien-Marshmallow

HIMBEER-ESTRAGON-FRUCHTGELEE

PÂTE DE FRUIT ───────────────

1200	g	Zucker
1000	g	Himbeerpüree (Boiron)
330	g	Apfelsaft
260	g	Glukosesirup 45 °Bé

> aufkochen

100	g	Zucker
30	g	Pektine Jaune (Louis François)

> mischen und unterrühren

> Masse auf 107 °C kochen

50	g	Pernod

> unterrühren

> Masse in eine Flexipan-Rahmen-Matte
  (Demarle) von 20 x 30 cm geben und über
  Nacht auskühlen lassen

ESTRAGON-ZUCKER ───────────────

300	g	Zucker
100	g	getrockneter Estragon

> im Thermomix kurz fein mixen

FERTIGSTELLUNG ───────────────

> Die Gelee-Matte von beiden Seiten
  mit dem Estragon-Zucker bestreuen und
  mit der Pralinenharfe in 2 x 2 cm
  große Stücke schneiden

> Die einzelnen Würfel diagonal halbieren und nochmals
  im Estragon-Zucker wälzen

> Luftdicht aufbewahren (maximal 3 Monate haltbar)

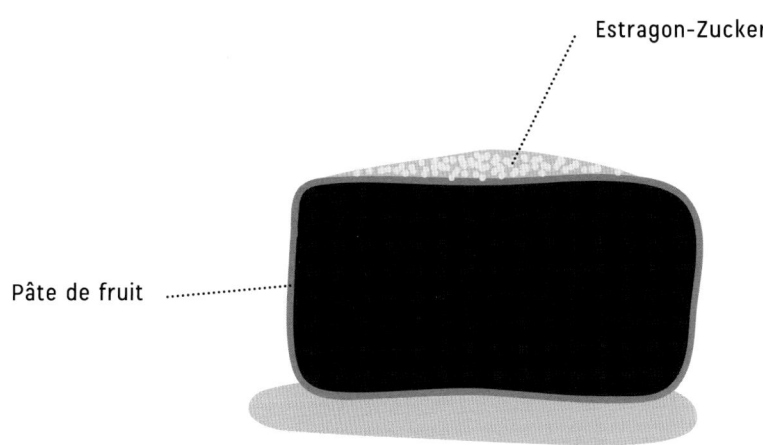

Estragon-Zucker

Pâte de fruit

HIMBEER-ESTRAGON-FRUCHTGELEE

HEUMILCH-BUTTERKARAMELL
MIT VANILLE & MALDON SEA SALT

HEUMILCH-BUTTERKARAMELL
MIT VANILLE & MALDON SEA SALT

KARAMELLBONBONS

500	g	Crème double
		Mark von 4 Vanilleschoten

> aufkochen und 10 Minuten ziehen lassen, dann abpassieren

500	g	Zucker
100	g	Glukosesirup 45 °Bé

> zu goldbraunem Karamell schmelzen

500	g	Heumilch-Butter

> zum Karamell geben und solange rühren, bis das Wasser aus der Butter gebunden ist

> die aromatisierte warme Crème double zugeben

> Masse auf 122 °C kochen

10	g	Maldon Sea Salt

> unterrühren

FERTIGSTELLUNG

> Den Karamell in einen Rahmen (20 x 30 cm / Höhe: 1,5 cm) geben und über Nacht aushärten lassen

> Den Karamell in 2 x 2 cm große Stücke schneiden und die einzelnen Stücke in Zellophanpapier wickeln (Alternativ können die einzelnen Karamellstücke auch mit dunkler Kuverture überzogen werden)

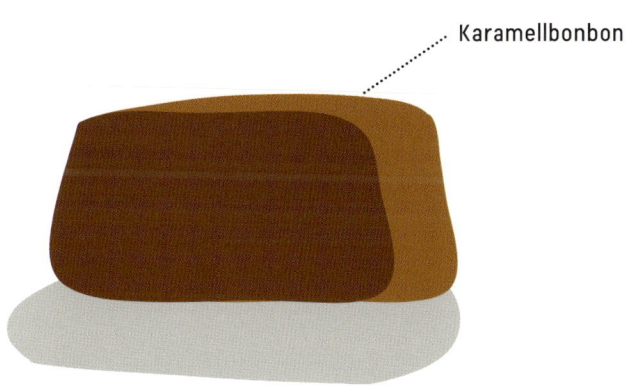

Karamellbonbon

NICOLE BECKMANN

»Beginne den Tag mit einem Lächeln
und du bekommst ein Lächeln zurück.«

KÜRBISKERN-KUVERTÜRE-RIEGEL

KÜRBISKERN-KARAMELL _____

20	g	Wasser
30	g	Zucker

> aufkochen

120	g	Kürbiskerne, leicht geröstet

> zugeben und unter ständigem Rühren karamellisieren

6	g	Butter

> dazugeben, sodass sich die einzelnen Kerne wieder trennen

> die karamellisierten Kürbiskerne zügig auf Backpapier geben und gleichmäßig verteilen

FERTIGSTELLUNG _____

400	g	dunkle Kuvertüre 64 % (Madagascar Origine Rare, Carma)

> Die ausgekühlten Kürbiskerne in Riegelformen streuen

> Mithilfe eines Spritzbeutels mit vorkristallisierter dunkler Kuvertüre auffüllen und glatt streichen

> Auskristallisieren lassen, dann ausformen und mit etwas Silberfarbe bestäuben

1

2

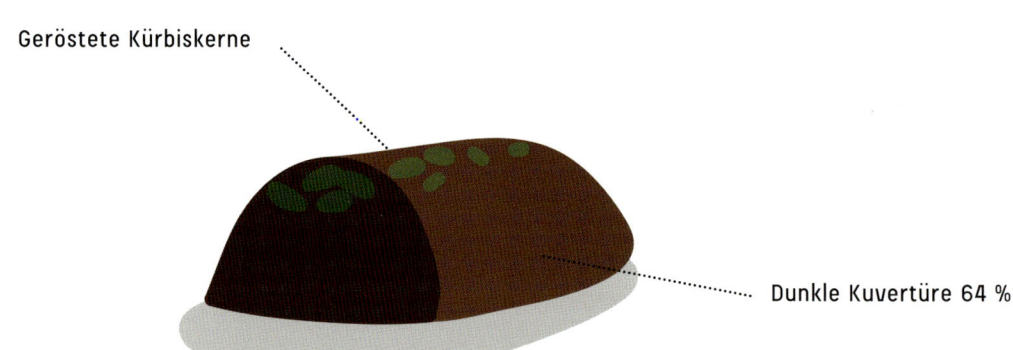

Geröstete Kürbiskerne

Dunkle Kuvertüre 64 %

Kürbiskern

KÜRBISKERN-KUVERTÜRE-RIEGEL

APFEL-ZITRONENGRAS

Mandarine

MANDARINE-NELKE

APFEL-ZITRONENGRAS

APFEL-ZITRONENGRAS-GELEE

70	g	Granny-Smith-Apfel-Püree (Boiron)
70	g	Zucker
20	g	Glukose
	2	Zitronengrasstängel, klein geschnitten

> aufkochen, über Nacht ziehen lassen
und passieren

8	g	Zucker
2	g	Pektin (Gelbband)

> mischen, unterrühren und aufkochen

1	g	Zitronensäure

> unterrühren, abkühlen lassen
und vor der Verwendung glatt rühren

CHAMPAGNER-GANACHE

40	g	Sahne
8	g	Butter
	½	Vanilleschote

> aufkochen, Vanilleschote entfernen

80	g	Milchkuvertüre 33 % (Claire Swiss Top, Carma)
30	g	dunkle Kuvertüre 64 % (Madagascar Origine Rare, Carma)

> mit der kochenden Flüssigkeit übergießen
und schmelzen

30	g	Champagner
8	g	Sorbitol

> dazugeben und homogenisieren

FERTIGSTELLUNG

> Pralinenformen mithilfe eines Pinsels mit weiß einge-
färbter Kakaobutterfarbe beklecksen und anschließend
mit vorkristallisierter grün eingefärbter Kakaobutter
besprühen

> Die Farbe leicht anziehen lassen und mit dunkler
vorkristallisierter Kuvertüre ausgießen

> Das Apfel-Zitronengras-Gelee zu einem Drittel
Höhe einfüllen und darauf die Ganache geben,
dann 12 Stunden auskristallisieren lassen

> Mit temperierter dunkler Kuvertüre verschließen
und ausformen

> Anschließend 2 Pralinenhälften mit etwas Kuvertüre
zusammensetzen

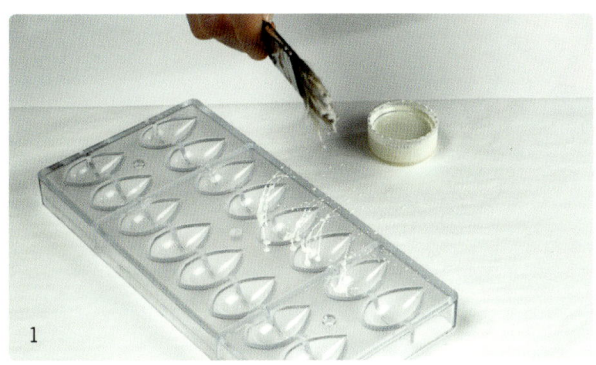

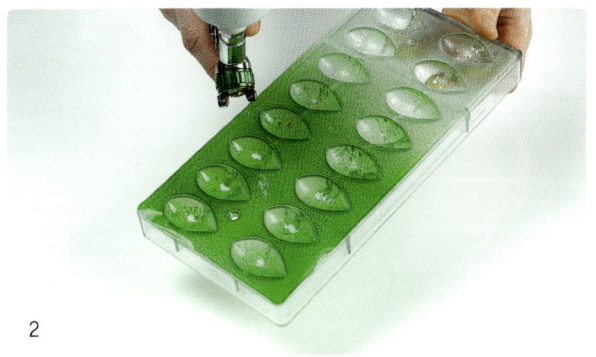

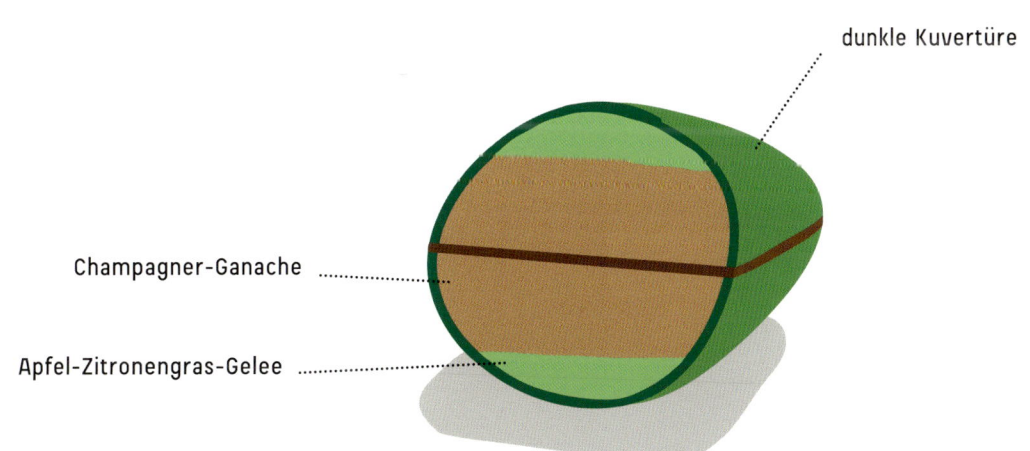

dunkle Kuvertüre

Champagner-Ganache

Apfel-Zitronengras-Gelee

MANDARINE-NELKE

MANDARINEN-NELKEN-GELEE

48	g	Zucker
30	g	Glukose
40	g	Mandarinenpüree (Boiron)
20	g	Passionsfruchtpüree (Boiron)
9		Nelken

> aufkochen

20	g	Zucker
7	g	Pektin (Gelbband)

> mischen, zugeben und unterrühren

> Nelken entnehmen und
die Masse auf 106 °C einkochen

5	g	Zitronensäure

> unterrühren

> abkühlen lassen und vor der Verwendung
glatt rühren

SCHOKOLADEN-GANACHE

65	g	Sahne
4,5	g	Sorbitol

> aufkochen

95	g	Milchkuvertüre 33 % (Claire Swiss Top, Carma)
28	g	dunkle Kuvertüre 64 % (Madagascar Origine Rare, Carma)

> mit der kochenden Flüssigkeit übergießen
und schmelzen

6	g	Butter

> dazugeben und homogenisieren

FERTIGSTELLUNG

> Pralinenformen dünn mit temperierter dunkler
Kuvertüre 64 % (Madagascar Origine Rare, Carma)
ausgießen und kristallisieren lassen

> Die vorbereiteten Formen mit dem abgekühlten
und glatt gerührten Mandarinen-Nelken-Gelee füllen

> Die zweite größere Form des zweiteiligen Pralinen-
form-Sets ebenfalls dünn mit vorkristallisierter dunkler Kuvertüre 64 % (Madagascar Origine Rare, Carma)
ausgießen und kristallisieren lassen

> Die Formen mit der Ganache füllen und kristallisieren
lassen

> Beide Formen mit vorkristallisierter, dunkler Kuvertüre
64 % (Madagascar Origine Rare, Carma) verschließen

> Die Pralinen-Körper aus den jeweiligen Formen lösen

> Die ersten Pralinen (Form: Kuppel) anfrieren,
dann dünn mit gelber Kakaobutter absprühen

> Die zweite Praline (untere Form) mit einer Stahl-
Bürste leicht anrauen

> Beide Pralinen vorsichtig mit vorkristallisierter Kuver-
türe zusammensetzen

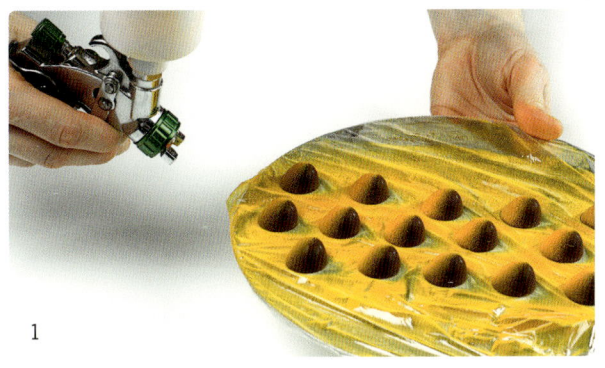

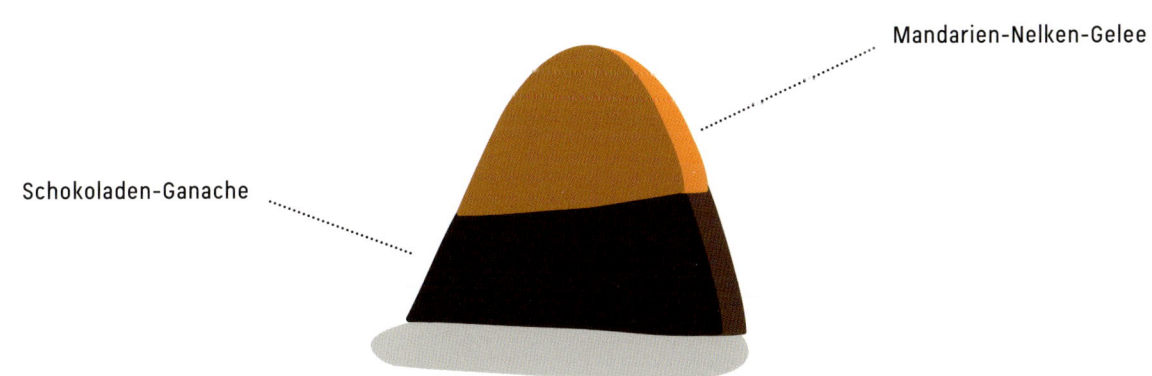

Mandarien-Nelken-Gelee

Schokoladen-Ganache

KOKOS, WASABI & HIMBEER

BROMBEER-CASSIS-DUNKLE SCHOKOLADE

KOKOS, WASABI & HIMBEER

HIMBEER-GELEE

125	g	**Himbeerpüree (Boiron)**
25	g	**Glukose**
		> aufkochen
25	g	**Zucker**
6	g	**Pektin (Gelbband)**
		> mischen, zugeben und unterrühren
		> Masse auf 106 °C einkochen
3	g	**Zitronensäure**
		> unterrühren, abkühlen lassen und vor der Verwendung glatt rühren

KOKOS-WASABI-GANACHE

125	g	**Kokospüree (Boiron)**
15	g	**Glukose**
		> auf 80 °C erwärmen
125	g	**weiße Kuvertüre 35 % (Ivoire Swiss Top, Carma)**
		> mit dem heißen Kokospüree übergießen und schmelzen
8	g	**Wasabipaste**
		> dazugeben und homogenisieren

FERTIGSTELLUNG

> Das abgekühlte und glatt gerührte Himbeer-Gelee zu einem Drittel Höhe in weiße Trüffel-Hohlkugeln füllen

> Darauf die Kokos-Wasabi-Ganache einfüllen und kristallisieren lassen

> Die gefüllten Hohlkugeln mit vorkristallisierter, weißer Kuvertüre verschließen, dann mit etwas weißer Kuvertüre chemisieren und anschließend in Puderzucker wälzen

> Die Praline in vorbereitete, mit angedickter weißer Kuvertüre ausgespritzte Halbkugeln setzen und mit einer zweiten Halbkugel verschließen

> Die Pralinen mit frischem Waldmeister ausdekorieren

1

2

3

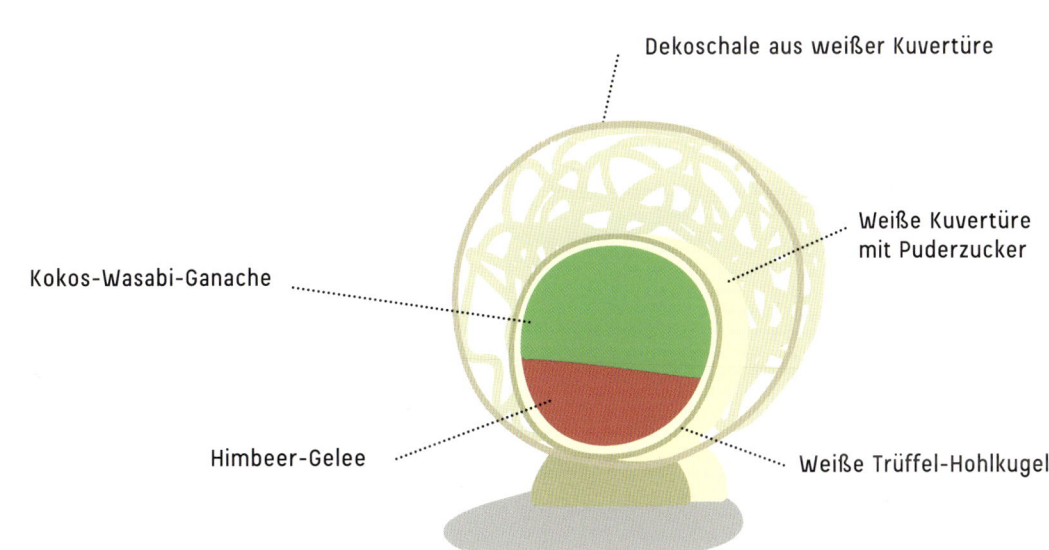

Dekoschale aus weißer Kuvertüre

Weiße Kuvertüre
mit Puderzucker

Kokos-Wasabi-Ganache

Himbeer-Gelee

Weiße Trüffel-Hohlkugel

BROMBEER-CASSIS-
DUNKLE SCHOKOLADE

GRÜNER-TEE-AUFGUSS

58	g	Wasser
		> aufkochen
4	g	Grüner Tee (Morgentau)
		> zugeben, 5 Minuten ziehen lassen, dann abpassieren

CASSIS-BROMBEER-SCHOKOLADEN-MOUSSE

125	g	dunkle Kuvertüre 64 % (Madagascar Origine Rare, Carma)
		> schmelzen
40	g	Cassispüree (Boiron)
40	g	Brombeerpüree (Boiron)
8	g	Invertzucker
35	g	Zucker
3	g	Pektin (Gelbband)
		> aufkochen und über die Kuvertüre gießen
24	g	Butter
		> dazugeben und homogenisieren
30	g	Eigelb
30	g	Zucker
		> schaumig aufschlagen und unter die Ganache rühren
40	g	dunkle Kuvertüre 64 % (Madagascar Origine Rare, Carma), flüssig
40	g	Grüner-Tee-Aufguss (s.o.)
		> unterrühren
		> Masse auf 35-40 °C abkühlen lassen
250	g	Sahne, geschlagen
		> unterheben

DUNKLE GLASUR

200	g	Wasser
360	g	Zucker
250	g	Sahne
		> aufkochen
120	g	Kakaopulver
18	g	Blattgelatine, eingeweicht und ausgedrückt
300	g	dunkle Kuvertüre 50 % (Bourbon Swiss Top, Carma)
200	g	Kokosfett
		> mixen, ohne Luftblasen einzuarbeiten Verarbeitungstemperatur: etwa 30 °C

FERTIGSTELLUNG

> Die Mousse in Silikon-Kugelformen (ø 4 cm) füllen und tiefkühlen

> Dann ausformen und mithilfe eines Zahnstochers mit der Glasur überziehen

> In vorbereitete, mit weißer Kuvertüre ausgegossene und ausgeformte Halbkugeln setzen

> Eine zweite Halbkugel vorbereiten: Dazu mithilfe angewärmter, runder Ausstecher Löcher ausschmelzen, dann tieffrieren und mit violetter Kakaobutterfarbe absprühen

> Diese violetten Halbkugeln auf die weißen, mit Cassis-Brombeer-Schokoladen-Mousse gefüllten Halbkugeln setzen

> Mit frischem Eisenkraut ausdekorieren

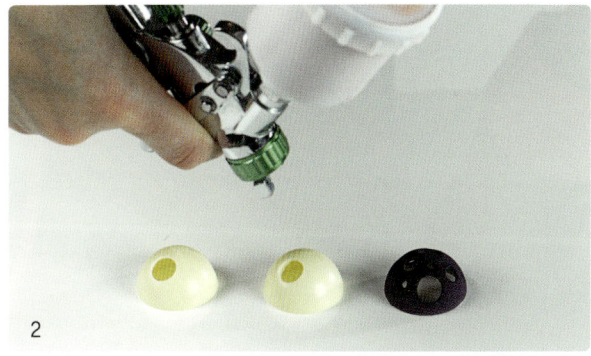

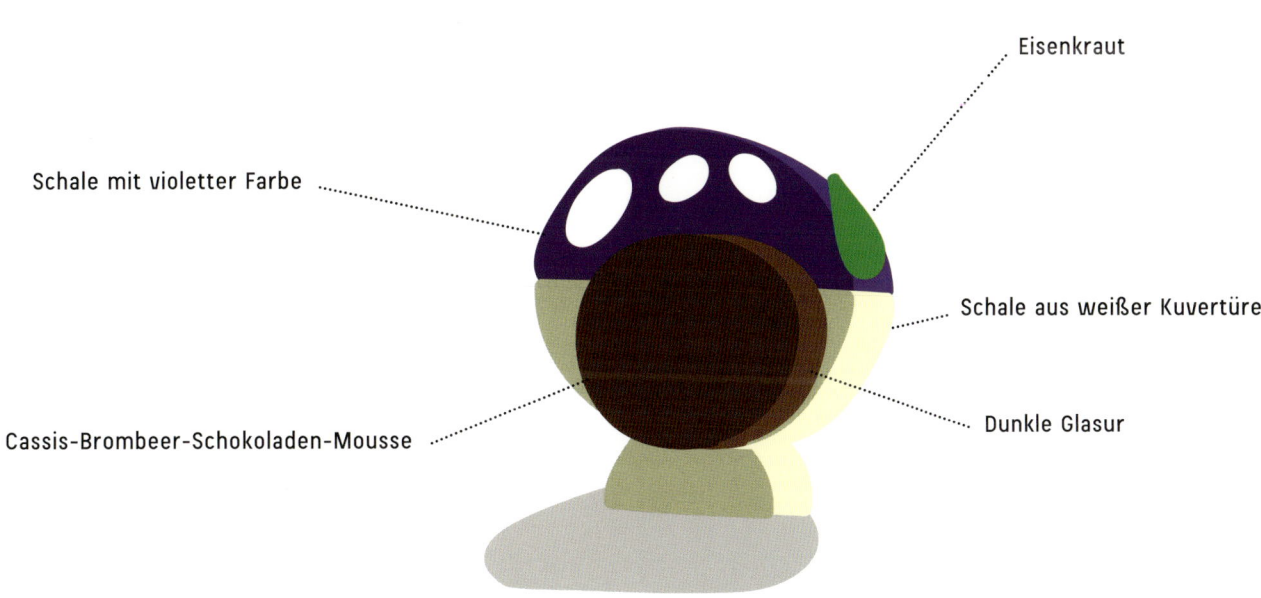

Eisenkraut

Schale mit violetter Farbe

Schale aus weißer Kuvertüre

Cassis-Brombeer-Schokoladen-Mousse

Dunkle Glasur

KAFFIR-SAUERRAHM

ERDNUSS, PASSIONSFRUCHT & SCHOKOLADE

KAFFIR-SAUERRAHM

LIMETTEN-SAUERRAHM-MOUSSE _____

200	g	Sauerrahm
6	g	Kaffirlimettenblätter
½		Zitronengrasstängel
		> fein mixen und passieren
40	g	Zucker
		Saft von 1 Limette
		> unterrühren
12	g	Gelatine
		> einweichen, ausdrücken, erwärmen und unterrühren
200	g	Sahne, geschlagen
		> unterheben
100	g	Eiweiß
40	g	Zucker
		> Eiweiß mit dem Zucker steif schlagen und zügig unterheben

FERTIGSTELLUNG _____

> Silikonformen dünn mit vorkristallisierter, weißer Kuvertüre ausgießen und kristallisieren lassen

> Die Formen mit der Mousse füllen, glatt streichen und tieffrieren

> Die gefrorenen, gefüllten Halbschalen aus der Form nehmen und je 2 Hälften zusammensetzen

> Weiße Kuvertüre-Chips im Thermomix glatt mixen, bis eine knetbare Masse entsteht; sofort kleine „Schwänzchen" modellieren

> Anschließend mithilfe eines Pinsels dünn mit Silberpulver bepinseln und mit den Kuvertüre-„Schwänzchen" garnieren

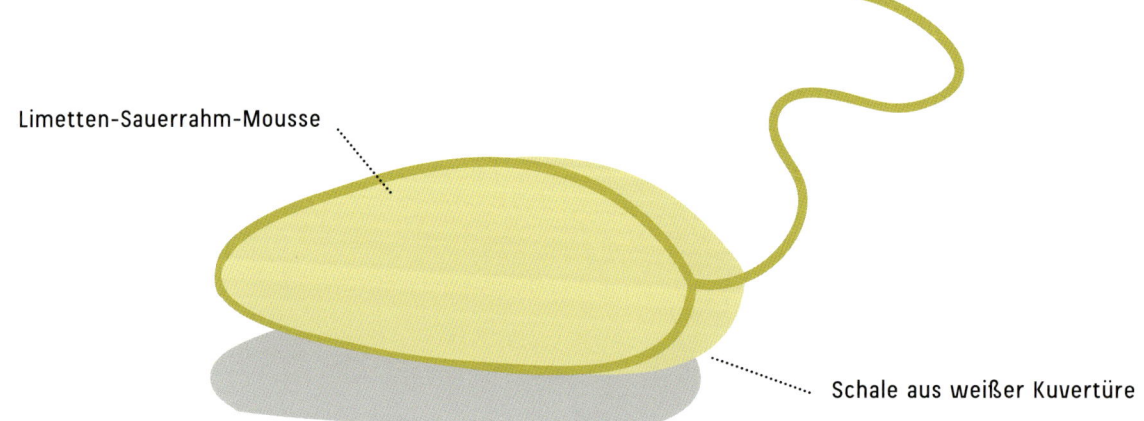

Limetten-Sauerrahm-Mousse

Schale aus weißer Kuvertüre

1

3

2

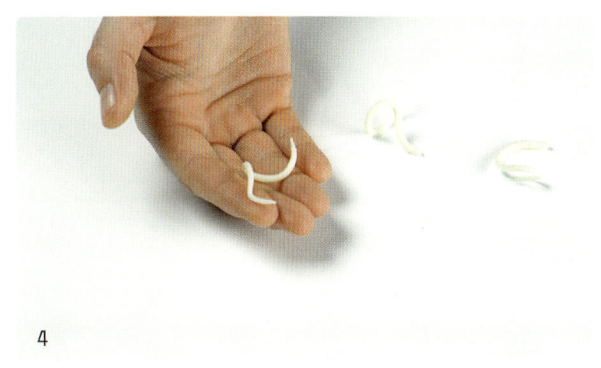

4

ERDNUSS, PASSIONSFRUCHT & SCHOKOLADE

KNUSPERBODEN

65	g	weiße Kuvertüre 35 % (Ivoire Swiss Top, Carma)
25	g	Kakaobutter
60	g	gepuffte Quinoa
8	g	Rohrzucker
		Limettenabrieb
		Vanillemark
		Fleur de Sel

> weiße Kuvertüre mit Kakaobutter schmelzen, die restlichen Zutaten dazugeben und vermengen

SCHOKOLADENMOUSSE MIT ERDNUSS UND PASSIONSFRUCHT

150	g	dunkle Kuvertüre 64 % (Madagascar Origine Rare, Carma)

> schmelzen

95	g	Passionsfruchtpüree (Boiron)
40	g	Zucker
3	g	Pektin (Gelbband)
9	g	Invertzucker

> aufkochen und über die Kuvertüre gießen

30	g	Butter

> dazugeben und homogenisieren

60	g	Erdnussbutter
50	g	Eigelb
50	g	Zucker

> schaumig aufschlagen und unter die Ganache rühren

60	g	dunkle Kuvertüre 64 % (Madagascar Origine Rare, Carma)

> unterrühren
> Masse auf 35-40 °C abkühlen lassen

400	g	Sahne, geschlagen

> unterheben

DUNKLE GLASUR

200	g	Wasser
360	g	Zucker
250	g	Sahne

> aufkochen

120	g	Kakaopulver
18	g	Blattgelatine, eingeweicht und ausgedrückt
300	g	dunkle Kuvertüre 50 % (Bourbon Swiss Top, Carma)
200	g	Kokosfett

> mixen, ohne Luftblasen einzuarbeiten
> Verarbeitungstemperatur: 30 °C

FERTIGSTELLUNG

> Den Knusperboden etwa 5 mm hoch in einen Ausstechring (ø 4 cm) eindrücken und den Ring wieder abziehen, diesen Vorgang wiederholen, bis alle Böden hergestellt sind

> Die Böden kurz zum Anziehen kühlen

> Die Schokoladenmousse in Silikonformen (ø 4 cm) füllen, glatt streichen und dann tieffrieren

> Ausformen und mit der Glasur überziehen. Auf den Knusperboden setzen und mit Kuvertüre-Dekor und Blume dekorieren

> Für das Kuvertüre-Dekor violett eingefärbte, temperierte Kuvertüre auf Folie auftragen, mit einem Kamm entlang eines Metallstabes ziehen, sodass ein Muster entsteht; auskristallisieren lassen und zurechtschneiden

> Für die Blume Esspapier mit einem speziellen Stanzer ausstanzen

1

2

3

4

5

6

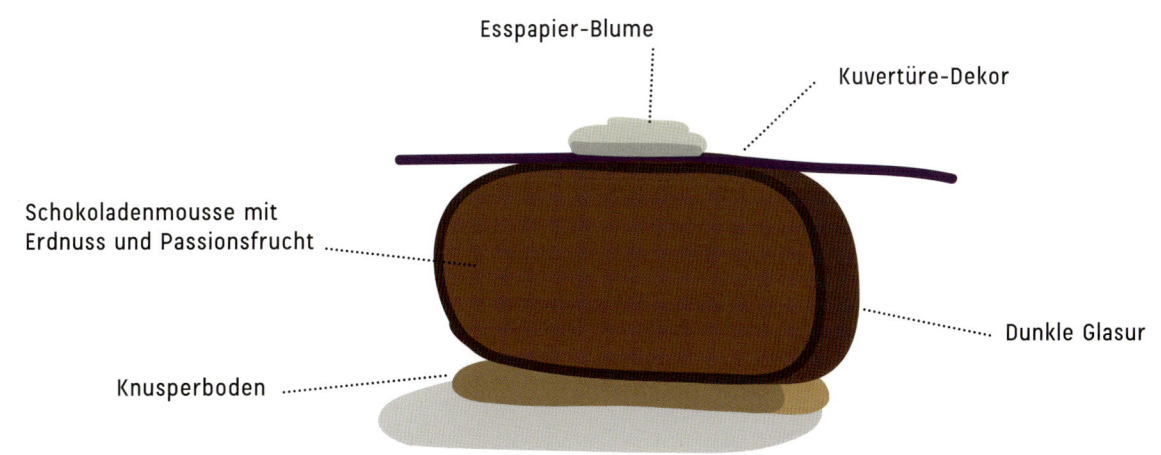

Esspapier-Blume

Kuvertüre-Dekor

Schokoladenmousse mit
Erdnuss und Passionsfrucht

Dunkle Glasur

Knusperboden

STANGENSELLERIE-APFEL

STANGENSELLERIE-APFEL

SELLERIE-APFEL-SORBET

180	g	Wasser
170	g	Zucker
60	g	Trockenglukose
3	g	Stabilisator
4		Zitronengrasstängel, klein gehackt

> aufkochen und mindestens 12 Stunden ziehen lassen, dann passieren

500	g	Granny-Smith-Äpfel, entkernt und in Stücke geschnitten
10	g	Blattgrün vom Stangensellerie

> zum Sirup geben

> in Pacojet-Behälter füllen und frieren

> die gefrorene Sorbetmasse pacossieren

FERTIGSTELLUNG

> Die Sorbetmasse zügig in vorgekühlte Plastik-Lolliformen füllen

> Die Sorbets mit frischen Granny-Smith-Apfelwürfeln, Limettenabrieb und einigen roten Basilikumblüten dekorieren

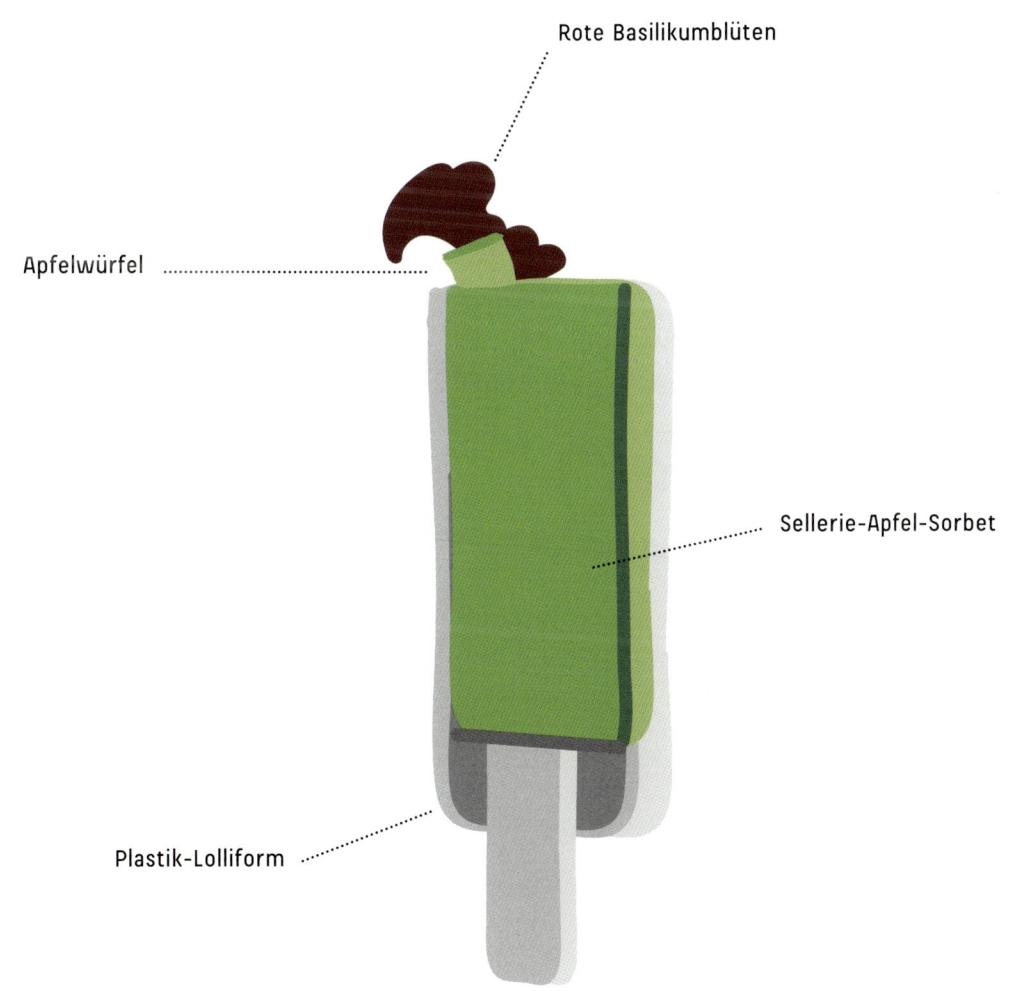

Rote Basilikumblüten

Apfelwürfel

Sellerie-Apfel-Sorbet

Plastik-Lolliform

BANANEN-SCHOKOLADEN-KUCHEN

BANANENKUCHEN

150	g	frisches Bananenfruchtfleisch
150	g	Zucker
		Mark von 1 Vanilleschote
		> fein pürieren
66	g	Sonnenblumenöl
75	g	Butter, flüssig
		> nach und nach untermixen
150	g	Weizenmehl, Type 405
2	g	Backpulver
1		Prise Fleur de Sel
		> mischen und zügig unterrühren

SCHOKOLADENSTREUSEL

25	g	Butter
25	g	Rohrzucker
8	g	Puderzucker
18	g	Mandelgrieß
16	g	Weizenmehl, Type 405
4	g	Kakaopulver
		> zu Streuseln mischen

FERTIGSTELLUNG

90	g	dunkle Kuvertüre-Drops 64 %
		(Madagascar Origine Rare, Carma)

> Die Bananenmasse in kleine Tontöpfchen füllen und die Kuvertüre-Drops eindrücken

> Die gefüllten Töpfe mit den Schokoladenstreuseln bestreuen und backen

> Backen: 160 °C / 13 Minuten (Umluftbackofen)

> Weiße Kuvertüre-Chips sowie grüne fettlösliche Farbe im Thermomix glatt mixen, bis eine knetbare Masse entsteht

> Sofort kleine Blätter und Pflanzenstiele modellieren und die Töpfe damit ausdekorieren

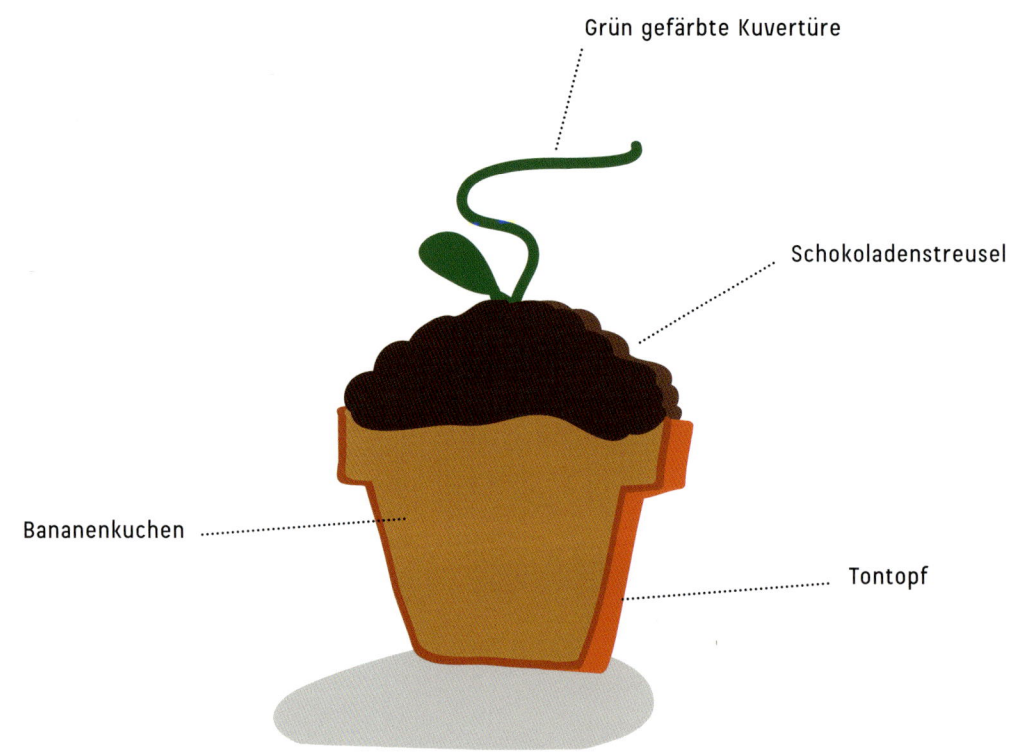

Grün gefärbte Kuvertüre

Schokoladenstreusel

Bananenkuchen

Tontopf

BANANEN-SCHOKOLADEN-KUCHEN

PASSIONSFRUCHT-SAUERRAHM

PASSIONSFRUCHT-SAUERRAHM

PASSIONSFRUCHT-SAUERRAHM-EIS ⸻

250	g	Passionsfruchtpüree (Boiron)
200	g	Zucker
50	g	Honig
		Mark von 4 Vanilleschoten
		Saft und Abrieb von 1 unbehandelten Limette

> erwärmen und ziehen lassen,
  dann die Vanilleschoten entfernen

500	g	Sauerrahm

> unterrühren

> Eismasse in Pacojet-Behälter füllen
  und tieffrieren

FERTIGSTELLUNG ⸻

> Die tiefgefrorene Eismasse pacossieren

> Die Eismasse zügig mithilfe eines Spritzbeutels in
  Silikonformen füllen und glatt streichen

> Mit je einem Holzstiel bestücken und einfrieren

> Die Eis-Sticks im Anschluss zügig nacheinander
  in eine Mischung aus 50 % weißer Kuvertüre und
  50 % Kakaobutter tauchen und erneut einfrieren

> Vor dem Servieren mit Mandelstreuseln, Kräutern und
  Blüten ausdekorieren

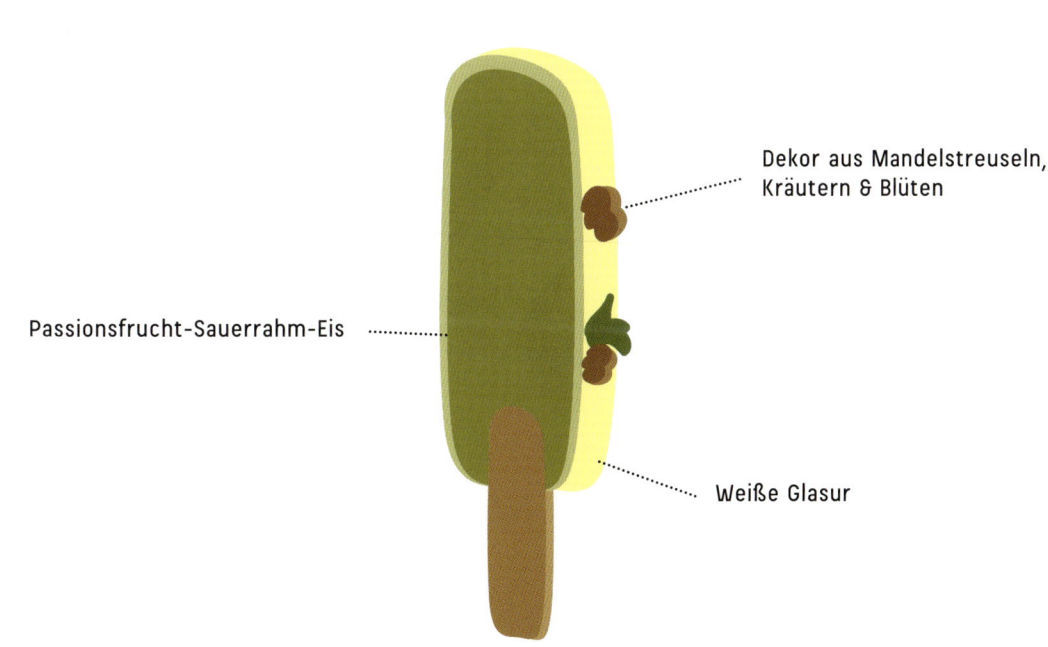

Passionsfrucht-Sauerrahm-Eis

Dekor aus Mandelstreuseln,
Kräutern & Blüten

Weiße Glasur

KORNELKIRSCHEN-MARSHMALLOW

WEISSER NOUGAT

SIRUP

175	g	Zucker
100	g	Wasser
24	g	Glukose

> auf 127 °C kochen

100	g	Kornelkirschensaft

> erwärmen

10	g	Gelatine

> einweichen, ausdrücken und im warmen Kornellkirschensaft auflösen

90	g	Eiweiß
75	g	Zucker

> zu Eischnee aufschlagen

> Sirup mit der Kornelkirschensaft-Gelatine-Mischung verrühren und langsam unter den Eischnee rühren

> weiterschlagen, bis eine weiche cremige Textur entsteht, die aber noch spritzfähig ist

FERTIGSTELLUNG

> Die Marshmallowmasse in mit Plastikfolie ausgelegte Plastikröhren (ø 3 cm) spritzen

> Anziehen lassen, aus den Röhren ziehen und die Folie ebenfalls abziehen

> In etwa 4 cm große Stücke schneiden und in Zucker wälzen

> Mit rosa eingefärbter weißer Kuvertüre ausgarnieren

> Dazu untemperierte rosa eingefärbte Kuvertüre mit einer Palette auf ein gefrorenes Blech auftragen, sofort lange Dreiecke zurechtschneiden und um die Marshmallows legen

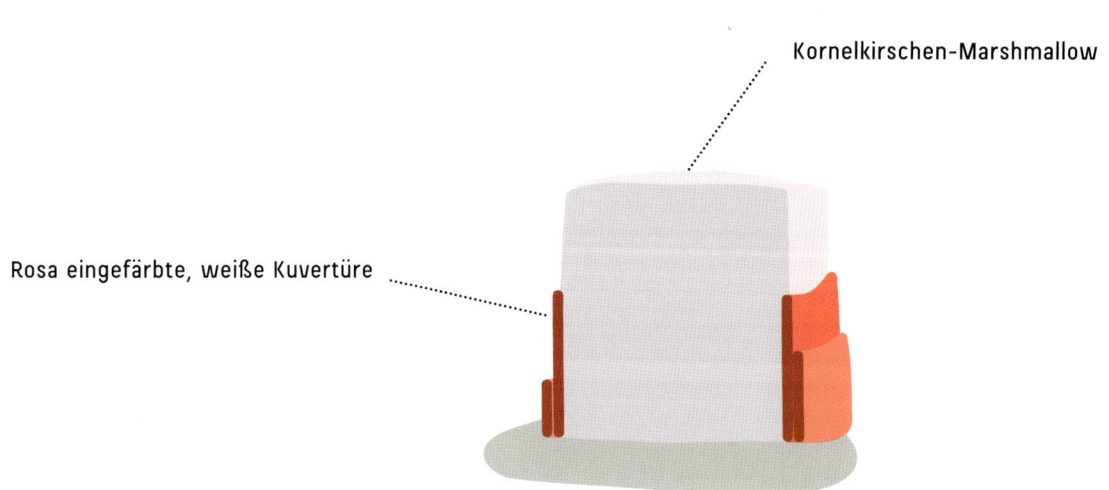

Kornelkirschen-Marshmallow

Rosa eingefärbte, weiße Kuvertüre

WEISSER NOUGAT

WEISSER NOUGAT

185	g	Honig
30	g	Glukose
		> auf 120 °C erhitzen
375	g	Zucker
45	g	Glukose
		> auf 120 °C erhitzen
		> beide Mischungen miteinander verrühren und auf 155 °C einkochen
85	g	Eiweiß
18	g	Zucker
		> zu einem cremigen Eischnee aufschlagen
		> den heißen Sirup langsam in einem dünnen Strahl in das aufschlagende Eiweiß einlaufen lassen
		> Masse bis auf etwa 50 °C weiter schaumig aufschlagen
250	g	warme Erdnüsse, leicht geröstet und gesalzen
		> unterheben

SCHOKOLADENWELLEN

> weiße Kuvertüre mithilfe eines Spritzbeutels auf eine ausgeklappte Folie geben, die Folie dann zuklappen, festhalten und mit einem Rollholz flach ausstreichen

> in lange Rechtecke schneiden, zwischen zwei Plastikwellen legen und vorsichtig andrücken

> auskristrallisieren lassen und am nächsten Tag ausformen

FERTIGSTELLUNG

> Die warme Nougatmasse zwischen Backpapier etwa 8 mm dick ausrollen und in Stücke von 9 x 3 cm scheiden

> Den weißen Nougat auf die vorbereiteten Schokoladenwellen legen und mit Atsina Cress (Koppert Cress) dekorieren

Weißer Nougat mit Erdnüssen

Welle aus weißer Kuvertüre

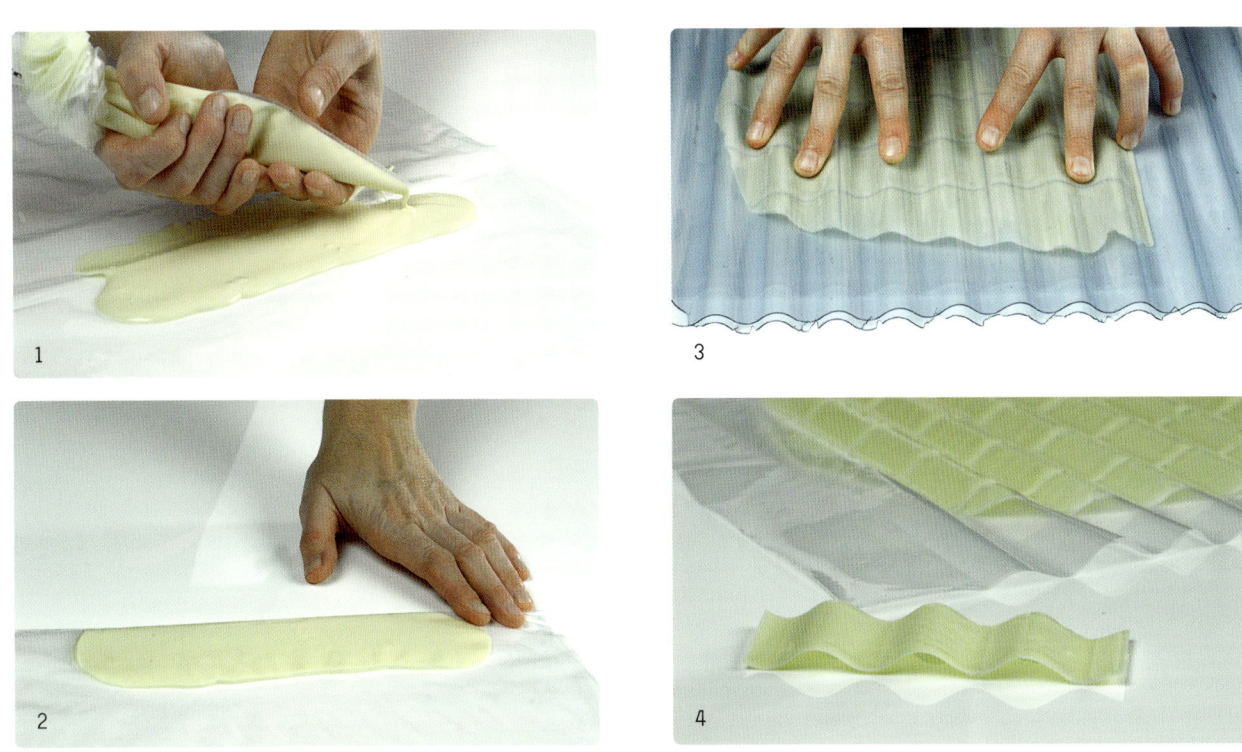

MANDEL-FENCHEL-CRACKER

TEIG

75	g	Zucker
38	g	Butter
23	g	Wasser
		> erwärmen
125	g	Weizenmehl, Type 405
60	g	Mandeln, geröstet und grob gehackt
3	g	Fenchelsamen
	1	Prise Fleur de Sel
		> vermengen

FERTIGSTELLUNG

> Den Teig zu einem Barren (9 cm Breite, 4 cm Höhe) formen, dann für mindestens 12 Stunden kalt stellen

> Anschließend eventuell die Kanten abschneiden und den Rest in 3 mm dicke Scheiben schneiden

> Auf Backpapier legen und goldbraun backen

> Backen: 165 °C / etwa 10 Minuten

1

2

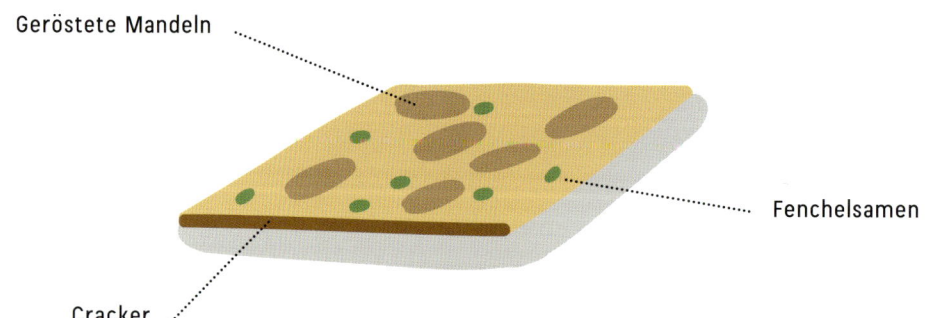

Geröstete Mandeln

Fenchelsamen

Cracker

MANDEL-FENCHEL-CRACKER

RENÉ FRANK

»Kreativität und Emotionen bringen die eigene
Persönlichkeit zum Ausdruck.«

SHISOESSIG MIT MILCHSCHOKOLADE

Knoblauch

SCHWARZER KNOBLAUCH
MIT KARAMELLISIERTER WEISSER SCHOKOLADE

SHISOESSIG
MIT MILCHSCHOKOLADE

GANACHE

110	g	Shisosaft, verdünnt (im Spezialhandel erhältlich)
150	g	frische Sauerkirschen, entsteint
15	g	Invertzuckersirup
		> aufkochen
0,5	g	Guarkernmehl
		> zugeben und glatt mixen
225	g	Milchkuvertüre 42 %
160	g	weiße Kuvertüre 33 %
		> zugeben und unter Rühren eine Emulsion herstellen
90	g	Essig von roten Shisoblättern
		> zugeben und glatt rühren
		> Ganache auf 35 °C abkühlen lassen
105	g	braune Butter
		> abkühlen lassen und unterrühren

SPRÜHKUVERTÜRE

900	g	Milchkuvertüre 42 %
100	g	Kakaobutter
		> glatt mixen

FERTIGSTELLUNG

> Pralinenformen (Chocolate World: 1104) zuerst mithilfe eines Pinsels von der einen Seite mit roter Kakaobutter und von der anderen Seite mit silberner Kakaobutter aussprenkeln

> Dann die Pralinenformen (nur von einer Seite) mit silberner Kakaobutter (PCB: DC195) (33 °C) aussprühen

> Danach die andere Seite mit roter Kakaobutter (PCB: DC177) (33 °C) aussprühen

> Die Formen anschließend mit der Sprühkuvertüre aussprühen und dünn mit temperierter Milchkuvertüre ausgießen

> Zum Schluss die Formen bis knapp unter den Rand mit der Ganache füllen, die Ganache auskristallisieren lassen und die Formen mit temperierter Milchkuvertüre verschließen

> Die Pralinen bei etwa 15 °C luftdicht lagern und innerhalb von 2 Wochen verzehren

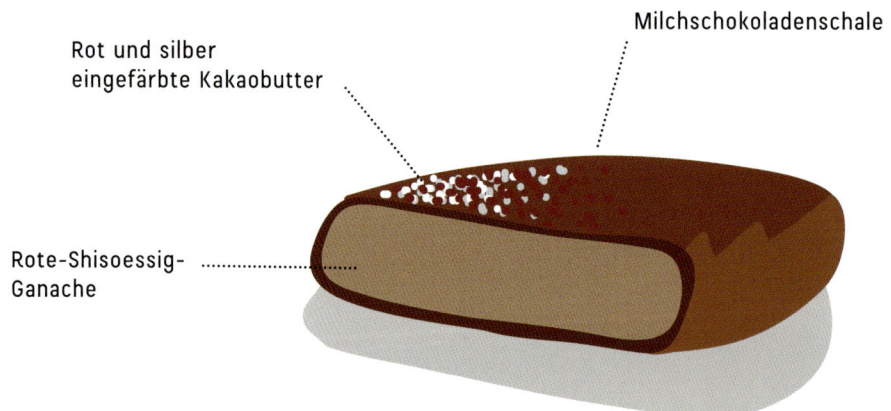

Milchschokoladenschale

Rot und silber eingefärbte Kakaobutter

Rote-Shisoessig-Ganache

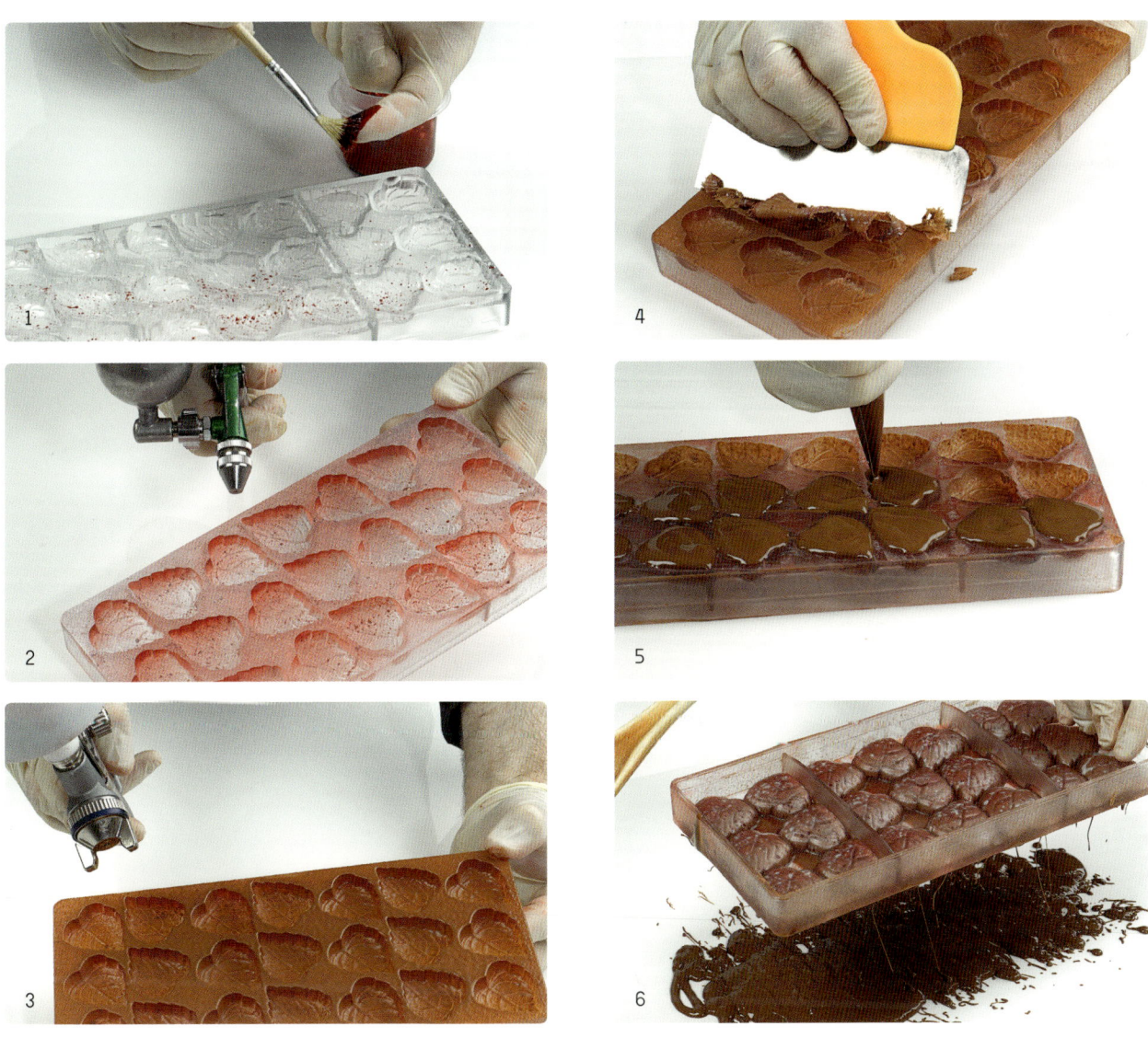

SCHWARZER KNOBLAUCH MIT KARAMELLISIERTER WEISSER SCHOKOLADE

KARAMELLISIERTE WEISSE SCHOKOLADE

2000 g	weiße Kuvertüre 35 % (mit hohem Zuckeranteil)

> Schokolade hacken und in einen breiten Topf geben, auf kleinster Stufe schmelzen lassen

> Schokolade unter gelegentlichem Rühren karamellisieren, sie wird dabei sehr heiß, klumpig und dick. Erst nach regelmäßigem Rühren verflüssigt sie sich wieder. Je dunkler die Schokolade wird, desto weniger süß, aber intensiver wird der Geschmack

> sobald die Schokolade den gewünschten Bräunungsgrad erreicht hat, noch heiß in den Thermomix geben

> solange glatt mixen, bis wieder eine homogene Masse entstanden ist. Diese auf etwa 45 °C abkühlen lassen

200 g	weiße Kuvertüre 35 %

> zugeben, um die karamellisierte Schokolade wieder zu stabilisieren

> Mischung temperieren

KNOBLAUCH-KARAMELL

75 g	Glukosesirup 45 ° Bé
75 g	Zucker
30 g	Isomalt
15 g	Wasser

> zu einem dunklen Karamell schmelzen

200 g	Sahne Mark von 1 Vanilleschote

> aufkochen und den Karamell damit ablöschen; die Mischung auf 104 °C einkochen

> auf 50 °C abkühlen lassen

30 g	karamellisierte weiße Schokolade (siehe linke Spalte)
55 g	fermentierter schwarzer Knoblauch
6 g	Fleur de Sel

> unterrühren

> Masse auf etwa 35 °C abkühlen lassen

30 g	weiche Butter

> untermixen und emulgieren

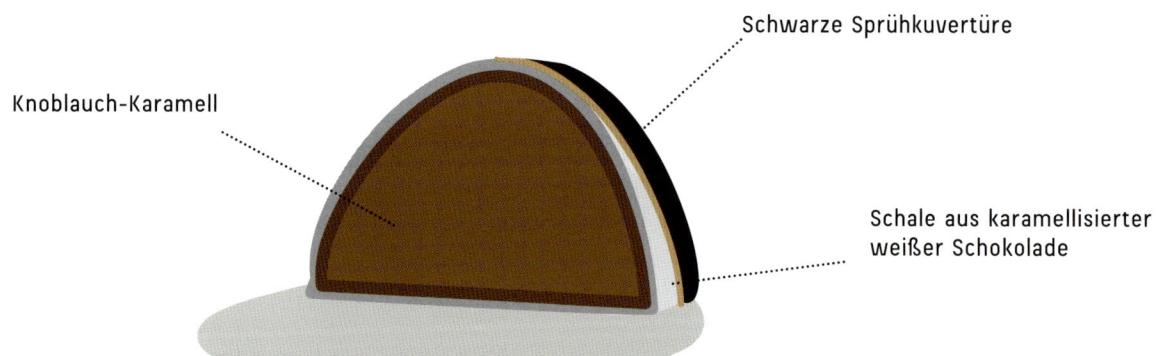

Knoblauch-Karamell

Schwarze Sprühkuvertüre

Schale aus karamellisierter weißer Schokolade

SCHWARZE SPRÜHKUVERTÜRE

		schwarze fettlösliche Farbe
900	g	weiße Kuvertüre 33 %
100	g	Kakaobutter

> glatt mixen

FERTIGSTELLUNG

> Die Pralinenformen (Chocolate World: 1158) zuerst mit zwei verschiedenen weißen Kuvertüren (ein Teil eingefärbt mit etwas Titandioxid, der zweite Teil eingefärbt mit etwas Goldfarbe) linienförmig verzieren

> Anschließend die Formen mit der schwarzen Sprühkuvertüre aussprühen

> Dann dünn mit der temperierten, karamellisierten weißen Schokolade ausgießen und kristallisieren lassen

> Die Formen bis knapp unter den Rand mit dem Knoblauch-Karamell füllen

> Die Pralinen über Nacht auskristallisieren lassen, dann dünn mit temperierter karamellisierter weißer Schokolade schließen

> Die Pralinen bei etwa 15 °C luftdicht lagern und innerhalb von 2 Wochen verzehren

2

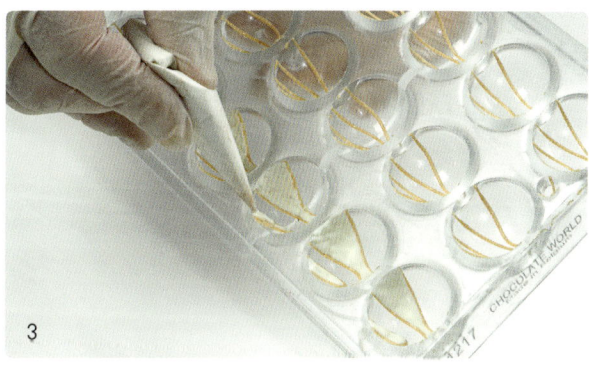

3

1

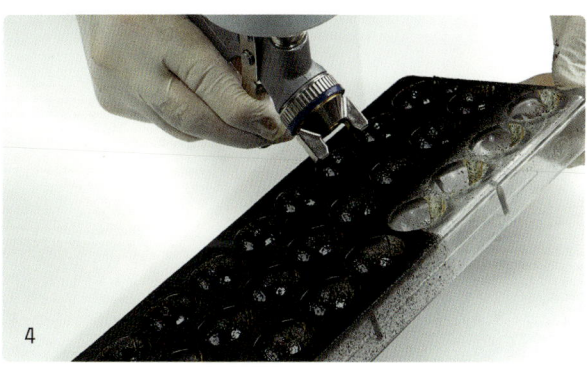

4

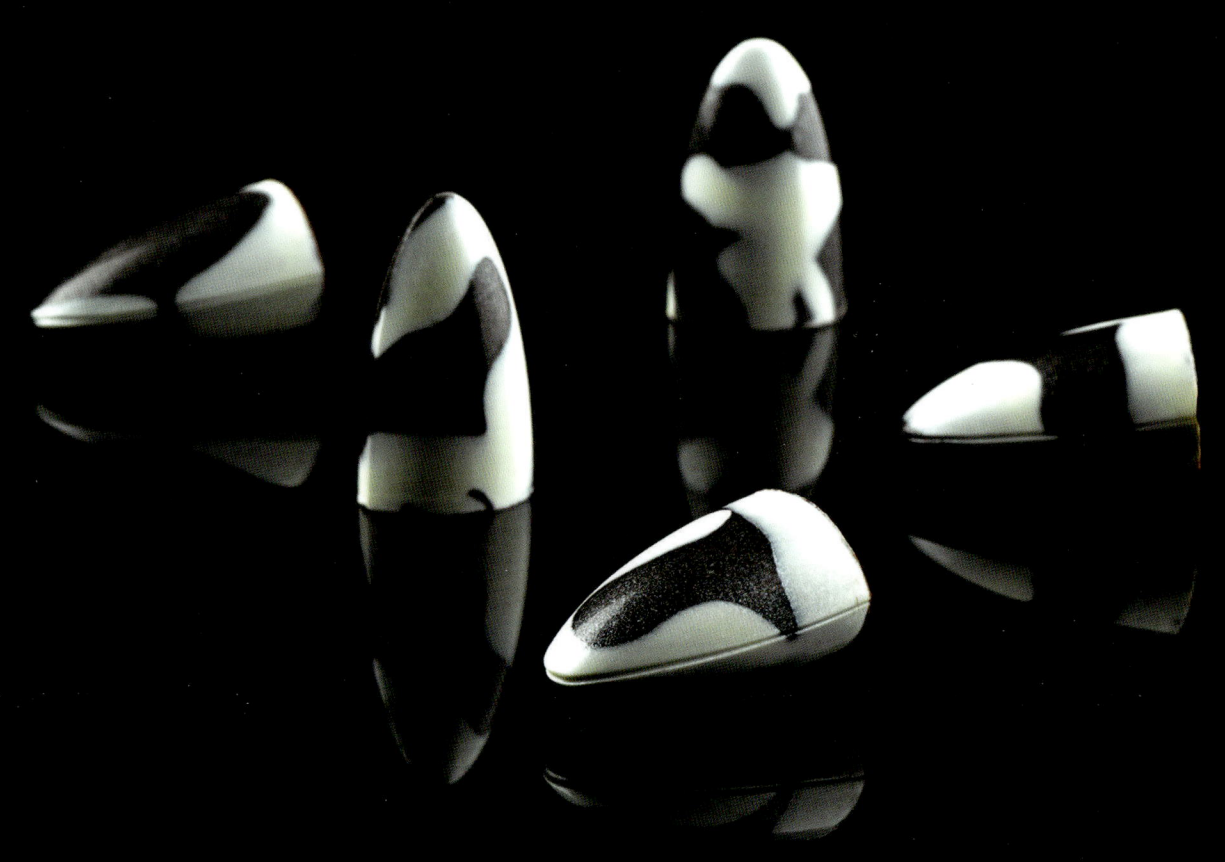

PEKANNUSS-PRALINÉ MIT POMPONA-VANILLE

GIN TONIC MIT JASMIN & GURKE

PEKANNUSS-PRALINÉ
MIT POMPONA-VANILLE

PEKANNUSS-PRALINÉ

270	g	Pekannüsse

> im Ofen bei 160 °C etwa 10 Minuten rösten

85	g	Isomalt
85	g	Zucker
30	g	Wasser

> zu einem dunklen Karamell schmelzen

> die gerösteten Nüsse zugeben und unter ständigem Rühren karamellisieren

> auf einer Silpatmatte auskühlen lassen

> Nusskrokant im Thermomix zu einer Masse mit öliger Konsistenz mixen

300	g	Milchkuvertüre 55 % (40 °C)
6,5	g	Fleur de Sel

> zugeben und glatt mixen

> die entstandene Masse sollte die Temperatur von 30 °C nicht überschreiten, da die Masse sonst noch einmal temperiert werden muss

VANILLE-GANACHE „LIGHT"

230	g	Vollmilch
230	g	Sahne
		Mark von 2 Pompona-Vanilleschoten

> aufkochen

> Masse auf 40 °C abkühlen lassen und passieren

520	g	weiße Kuvertüre 33 %

> zugeben und glatt mixen

60	g	Kakaobutter, temperiert

> zugeben und glatt mixen

70	g	weiche Butter

> zugeben und glatt mixen

FERTIGSTELLUNG

> Pralinenformen (Chocolate World: CW 1571) mithilfe eines Spritzbeutels fleckig mit weißer Kuvertüre garnieren

> Anschließend die Formen mit dunkler Sprühkuvertüre aussprühen

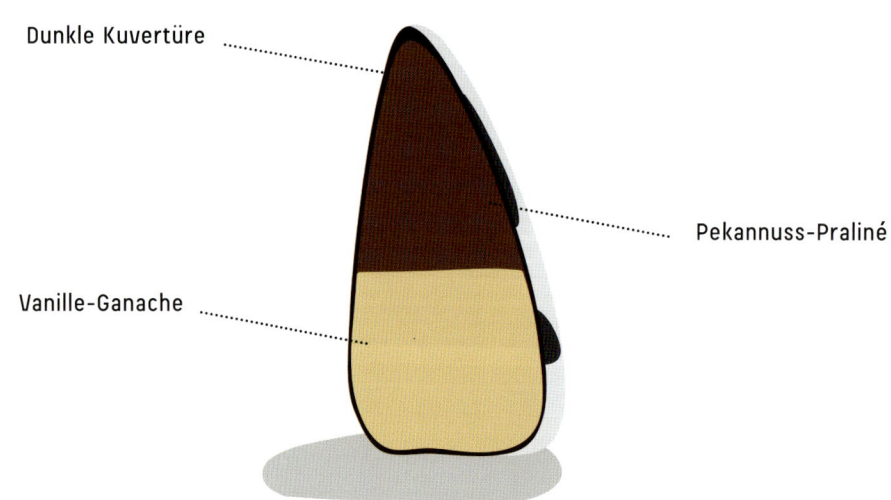

Dunkle Kuvertüre

Pekannuss-Praliné

Vanille-Ganache

> Dann dünn mit temperierter dunkler Kuvertüre ausgießen und kristallisieren lassen

> Die ausgegossenen Formen zur Hälfte mit dem Pekannuss-Praliné füllen

> Die Formen bis knapp unter den Rand mit der Vanille-Ganache füllen

> Die Ganache über Nacht kristallisieren lassen und am nächsten Tag mit temperierter dunkler Kuvertüre verschließen

> Die Pralinen bei etwa 15 °C luftdicht lagern und innerhalb von 2 Wochen verzehren

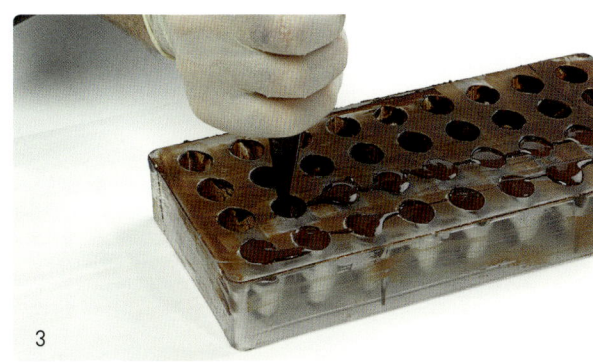

3

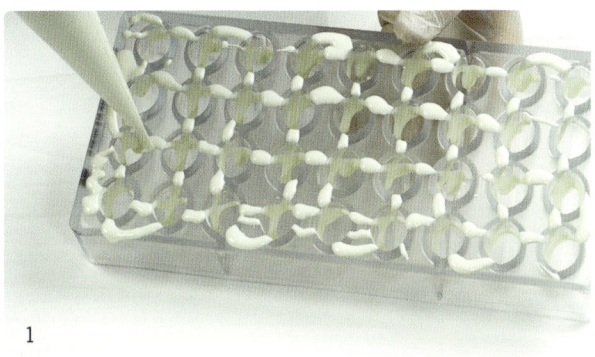

1

4

2

GIN TONIC MIT JASMIN & GURKE

GIN-SORBET

520	g	Wasser

> aufkochen

3	g	getrocknete Jasminblüten

> zugeben und etwa 3 Minuten ziehen lassen, dann abpassieren

200	g	Glukosepulver
40	g	Zucker
5	g	Sorbet-Stabilisator Super Neutrose (Louis François)

> mischen, zugeben und aufkochen

> Fond abkühlen lassen

70	g	Gin 47 Vol.-%
90	g	Limettensaft Abrieb von 1 unbehandelten Limette

> zugeben, glatt mixen und abpassieren

> Sorbetmasse in einen Pacojet-Behälter füllen und tieffrieren

TONIC-SODA

800	g	Tonic Water
280	g	Limettensaft
280	g	Salatgurkenabschnitte (ohne Schale und Kerne)
80	g	Zucker
1,2	g	Xanthan Abrieb von 4 unbehandelten Limetten
80	g	Gin 47 Vol.-%
40	g	Granny-Smith-Apfelabschnitte

> im Thermomix glatt mixen

> Fond durch ein Strumpfsieb streichen

> in einen Sodaspender füllen und mit einer CO2-Kapsel karbonisieren

FERTIGSTELLUNG

> Eine große Salatgurke schälen und mithilfe eines Perlen-Ausstechers kleine Kugeln ausstechen, dabei das Kerngehäuse aussparen

> Die Überreste der Gurke inklusive Schale und Kerngehäuse glatt mixen und durch ein Teesieb passieren. Die Gurkenperlen bis zur Verwendung in dem entstandenen Gurkensaft aufbewahren

> Einen Granny-Smith-Apfel auf der Aufschnittmaschine in dünne Scheiben schneiden. Diese nochmals rund ausstechen, das Kerngehäuse ebenfalls, sodass aus jeder Scheibe ein Ring entsteht

> Mit den Resten wie bei der Gurke verfahren und einen Saft zur Aufbewahrung herstellen

> 1 Prise Ascorbinsäure zugeben

> Die Apfelringe bis zur Verwendung gegebenenfalls vakuumiert aufbewahren

> Zum Servieren in ein Glas jeweils 3-5 Gurkenperlen geben. Etwas Tonic-Soda aufgießen und mit einer Apfelscheibe verschließen

> Das Gin-Sorbet mithilfe eines Spritzbeutels in doppelte Halbkugelformen geben, dann bei -35 °C tieffrieren, herauslösen und bei -10 °C servieren

> Jeweils eine Kugel Gin-Sorbet in das ausgestochene Loch der Apfelscheibe setzen und mit Gurkenschalenstreifen und Jasminblütenblättern garnieren

124

1

2

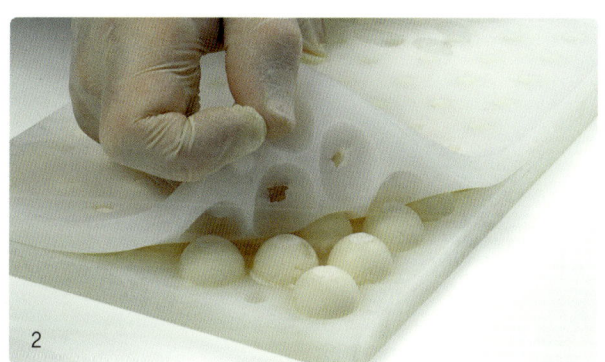

3

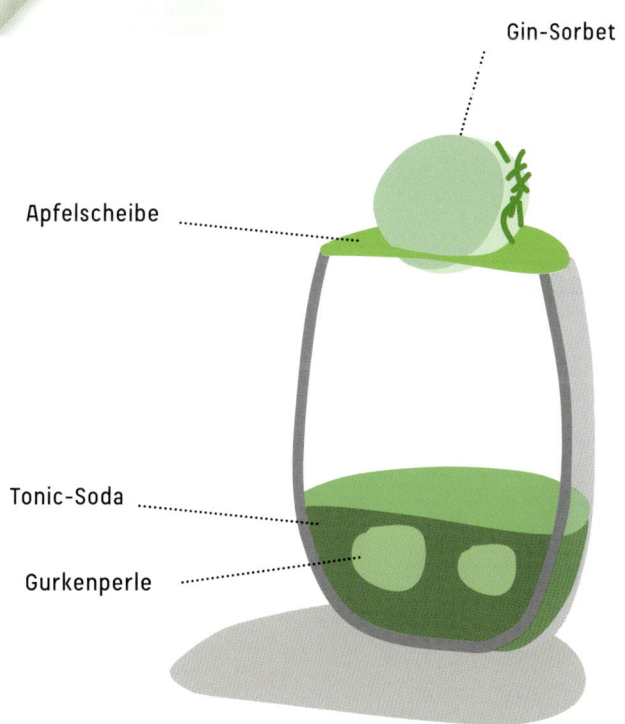

Gin-Sorbet

Apfelscheibe

Tonic-Soda

Gurkenperle

YUZU & FIVE SPICE

YUZU & FIVE SPICE

SESAM-ERDNUSS-PRALINÉ _____

150	g	Erdnüsse
75	g	weiße Sesamsamen
		> bei 150 °C etwa 15 Minuten rösten
4,5	g	Fenchelsamen
4,5	g	Kardamomkapseln
3	g	ganze Szechuan-Pfefferkörner
		> nach 8 Minuten Röstvorgang zugeben
60	g	Zucker
52	g	Isomalt
20	g	Wasser

> zu einem dunklen Karamell einkochen, dann die gerösteten Samen dazugeben

> Krokant zum Abkühlen auf Silpatmatten geben

> den abgekühlten Krokant klein hacken und in den Thermomix geben

10	g	Sesamöl

> zugeben und alles zu einer Masse mit öliger Konsistenz mixen

> Masse auf 40 °C abkühlen lassen

	3	Tonkabohnen, gerieben
1,5	g	gemahlener Zimt
4,5	g	Fleur de Sel
		Mark von 1 Vanilleschote

> zugeben und unterrühren

135	g	weiße Kuvertüre 33 %

> unterrühren

ZITRUS-CONFIT _____

je 3	unbehandelte Zitronen und Orangen
	Zucker
	Zitronen- und Orangensaft

> Die Schale der Zitrusfrüchte mit einem Sparschäler dünn abschälen und in kaltem Wasser aufsetzen, aufkochen lassen und abgießen. Diesen Vorgang etwa 8-mal wiederholen

Die blanchierten Schalen abwiegen und jeweils mit den gleichen Teilen Zucker und einer Mischung (1:1) aus Zitronen- und Orangensaft aufkochen, pürieren und passieren. Das püreeartige Confit kann in großen Mengen hergestellt und portionsweise auf Vorrat eingefroren werden.

YUZU & FIVE SPICE

YUZU-GANACHE

190	g	Yuzupüree (frisch oder gefroren)
120	g	Zitrus-Confit (siehe Seite 127)
		> aufkochen
460	g	**weiße Kuvertüre 33 %**
		> unterrühren, glatt mixen und emulgieren
		Abrieb von ½ unbehandelten Yuzu
		> unterrühren
		> Masse auf etwa 35 °C abkühlen lassen
30	g	**braune Butter, abgekühlt**
		> unterrühren, glatt mixen und emulgieren

WEISSE SPRÜHKUVERTÜRE

900	g	**weiße Kuvertüre 33 %**
100	g	**Kakaobutter**
		> glatt mixen

FERTIGSTELLUNG

> Mithilfe eines Spritzbeutels einen Strich aus temperierter weißer Kuvertüre in Pralinenformen (Chocolate World: 1661) garnieren

> Dann mithilfe eines Pinsels bronzefarbene, grüne und blaue Kakaobutterfarbe (33 °C) auftragen

> Anschließend die Formen dünn mit weißer Sprühkuvertüre aussprühen

> Die Formen dann dünn mit temperierter weißer Kuvertüre ausgießen und für etwa 20 Minuten bei 8 °C kristallisieren lassen

> Danach zur Hälfte mit der Sesam-Erdnuss-Pralinémasse füllen und fest werden lassen

> Die Formen bis knapp unter den Rand mit der Yuzu-Ganache füllen und über Nacht kristallisieren lassen

> Am nächsten Tag mit temperierter weißer Kuvertüre verschließen

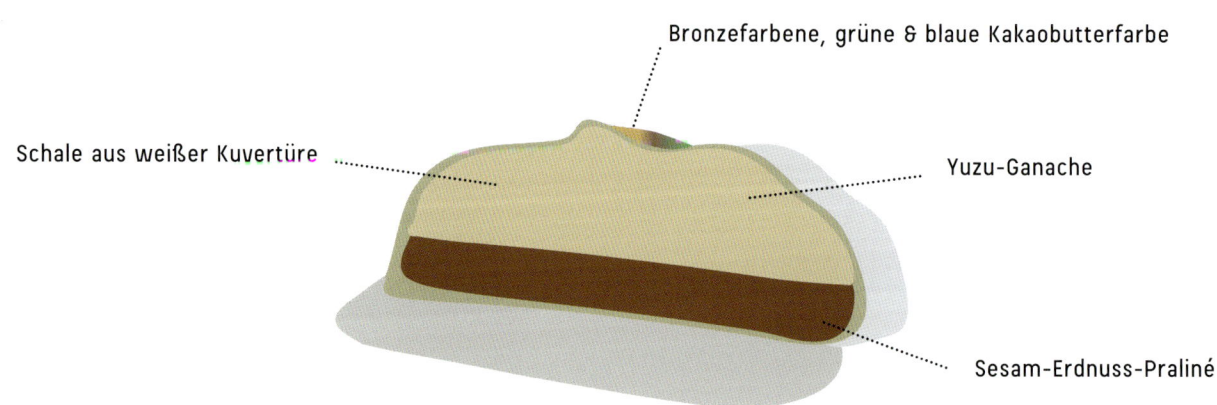

Bronzefarbene, grüne & blaue Kakaobutterfarbe

Schale aus weißer Kuvertüre

Yuzu-Ganache

Sesam-Erdnuss-Praliné

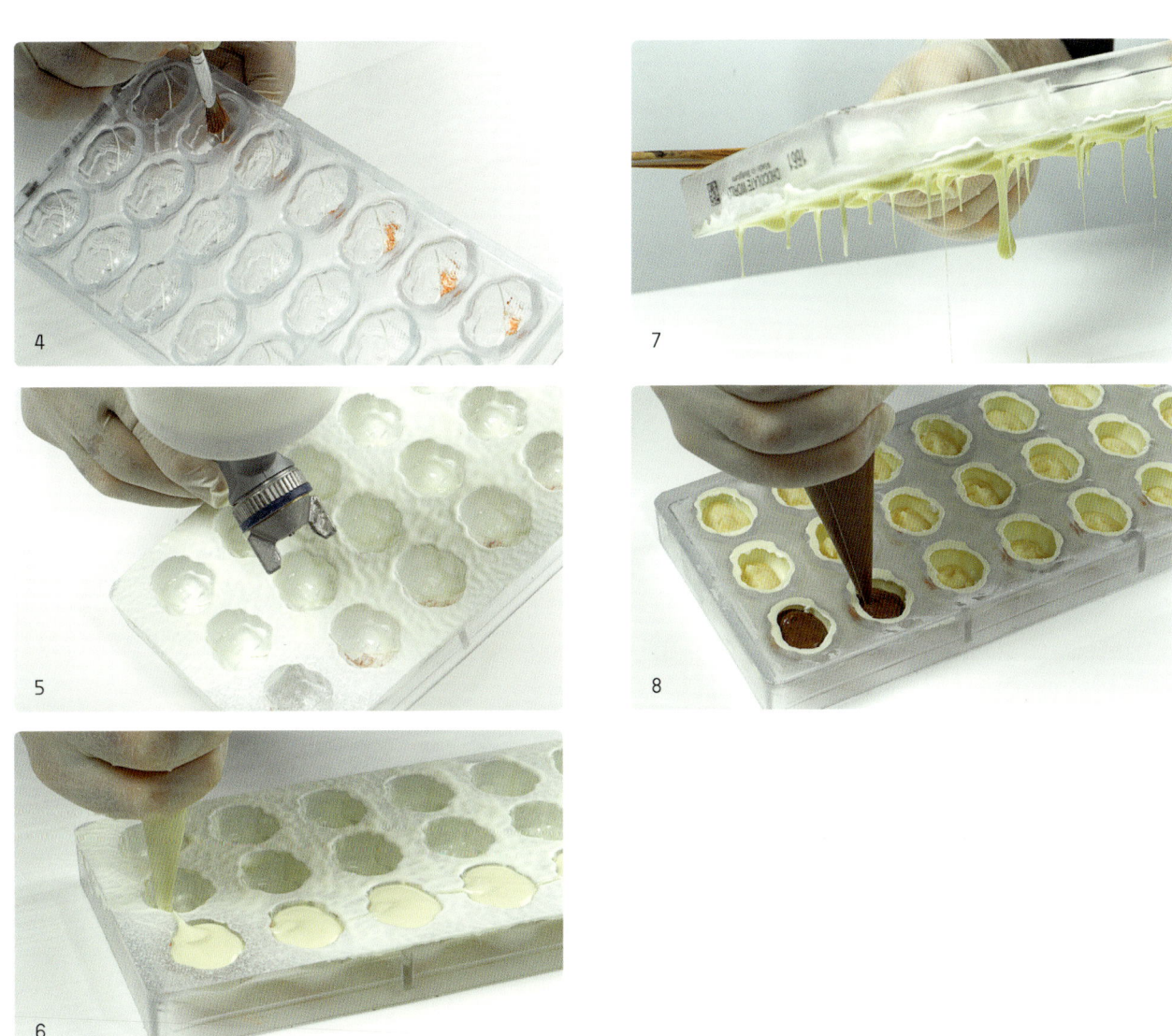

GEEISTE MANDELTARTE MIT SEIDENTOFU

TOFUSCHAUM _____

380	g	Kokosmilch
100	g	Honig
		Mark von ½ Vanilleschote
8	g	Agar-Agar

> glatt mixen, aufkochen und 30 Sekunden köcheln lassen

> Gelee in der Kühlung erstarren lassen

330	g	Seidentofu
65	g	Feto (fermentierter Tofu)
50	g	Zitronensaft
		Abrieb von 1 unbehandelten Zitrone
1	g	Salz
½		Tonkabohne, gerieben

> zum festen Gelee geben

> im Thermomix fein mixen

> Masse durch ein feines Sieb streichen und in einen Espuma-Siphon (ISI) geben

> nacheinander 2 Gaspatronen aufschrauben und kühl stellen

MANDELEIS _____

550	g	geschälte Mandeln aus Valencia

> rösten

650	g	Zucker
50	g	Wasser

> zu einem dunklen Karamell einkochen

2800	g	Wasser
		Mark von 1 Vanilleschote

> erwärmen und den Karamell damit ablöschen

> den Mandelsirup, wenn nötig, aufgrund des Flüssigkeitsverlusts auf 3450 g auffüllen, dann die gerösteten Mandeln zugeben und im Thermomix sehr fein mixen

> die entstandene Mandelmilch durch ein sehr feines Netzsieb streichen

120	g	Inulin
100	g	Trockenglukose
60	g	Dextrose
40	g	Maltodextrin
11	g	Salz
8	g	Johannisbrotkernmehl
6	g	Guarkernmehl
2	g	Xanthan

> miteinander mischen

> die Trockenzutaten in die leicht erwärmte Mandelmilch einrühren, dann aufkochen, glatt mixen und abkühlen lassen

120	g	**Buchweizen-Honig**
40	g	**Amaretto**

> unterrühren und glatt mixen

> die Eismasse in Pacojet-Behälter füllen und tieffrieren

Mandeltarte

GEEISTE MANDELTARTE MIT SEIDENTOFU

GEEISTE MANDELTARTE
MIT SEIDENTOFU

KARAMELLISIERTER PUFFREIS

100	g	**Rundkornreis**

> in ca. 1 l Wasser etwa 30 Minuten bei schwacher Hitze köcheln (der Reis sollte „verkocht" sein)
> anschließend abpassieren und über Nacht auf ein Blech zum Trocknen geben
> sobald der Reis getrocknet ist, in 200 °C heißem Erdnussöl frittieren, sodass dieser aufpoppt und knusprig wird; sofort auf Küchenpapier abtropfen lassen

80	g	**Zucker**
20	g	**Wasser**

> zu einem goldenen Karamell schmelzen
> aufgepoppten Reis zugeben und karamellisieren
> auf Silpatmatten ausschütten und erkalten lassen
> luftdicht aufbewahren

FERTIGSTELLUNG

> Die Pacojet-Behälter mit dem Mandeleis pacossieren
> 2 kleine Mini-Suppenkellen (oder kleine Messlöffel) in flüssigen Stickstoff tauchen, bis diese vollkommen gefroren sind
> Mit einem kleinen Eisportionierer Kugeln des Eises in einen der gefrorenen Löffel geben und mit dem zweiten gefrorenen Löffel in Form drücken, sodass eine halbrunde Schale entsteht. (Am besten im Schockfroster bei -30 °C aufbewahren)
> Kurz vor dem Servieren die Schalen nochmals in flüssigen Stickstoff tauchen und anschließend mit dem Tofuschaum füllen
> Mit etwas karamellisiertem Puffreis bestreuen und sofort servieren
> Nach Belieben mit Blütenblättern ausgarnieren

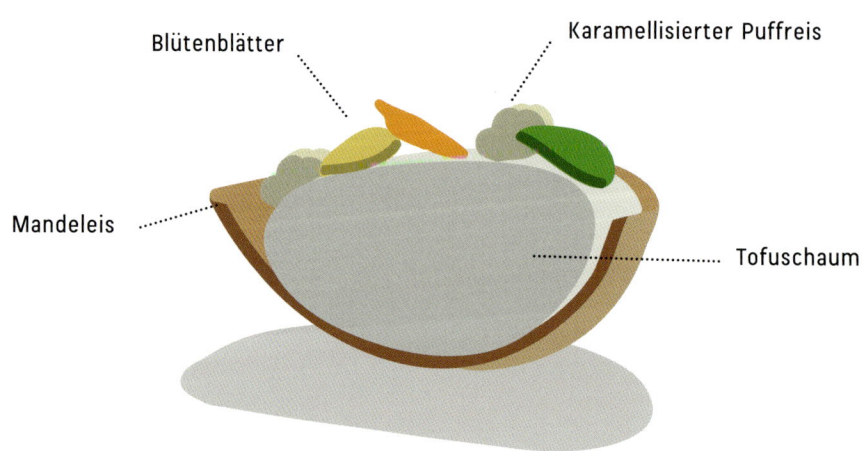

Blütenblätter

Karamellisierter Puffreis

Mandeleis

Tofuschaum

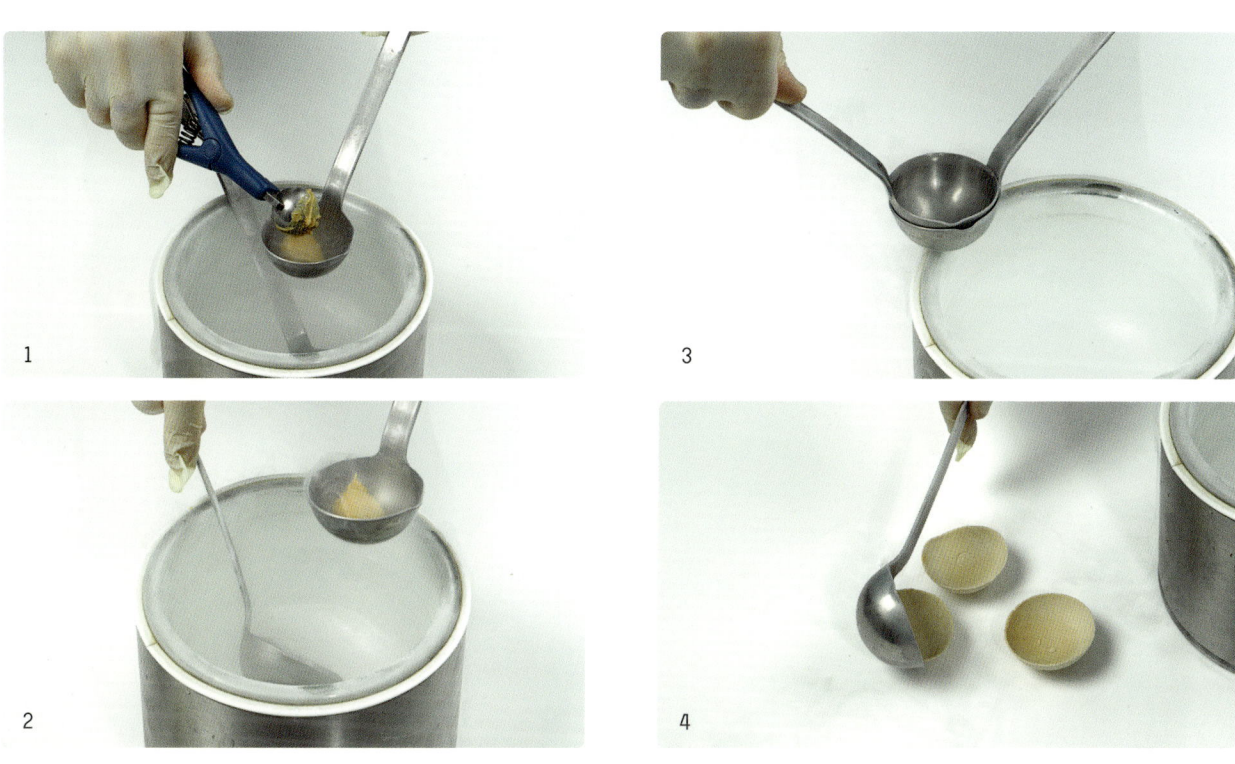

MATCHATEE-COOKIE & ADZUKIBOHNEN

ROTE-BETE-COOKIE MIT PASSIONSFRUCHT

MATCHATEE-COOKIE
& ADZUKIBOHNEN

MATCHATEE-COOKIE-TEIG _____

100	g	weiche Butter
120	g	Puderzucker
		> cremig aufschlagen
50	g	Vollei
15	g	Matchatee-Pulver
25	g	Mineralwasser
2	g	Salz
		Mark von 1 Vanilleschote
		Abrieb von ½ unbehandelten Zitrone
		> mischen und zugeben
195	g	Weizenmehl, Type 405
30	g	Maispulver
15	g	Mascarponepulver
		> mischen und rasch unterkneten
		> Teig in Frischhaltefolie wickeln und über Nacht in die Kühlung geben

MATCHATEE-SCHOKOLADE _____

240	g	weiße Schokolade 33 %, temperiert
12	g	Matchatee-Pulver „Premium Qualität"
		> mischen

ADZUKIBOHNEN-CONFIT _____

1000	g	Wasser
500	g	Adzukibohnen
		> über Nacht einweichen
		> abpassieren
1000	g	Wasser
		Mark von 2 Vanilleschoten
		> zu den Bohnen geben und mindestens 2 Stunden weich kochen
		> wenn die Bohnen gar sind, sollten sie ein Gewicht von 1500 g aufweisen, wenn nötig weiterkochen

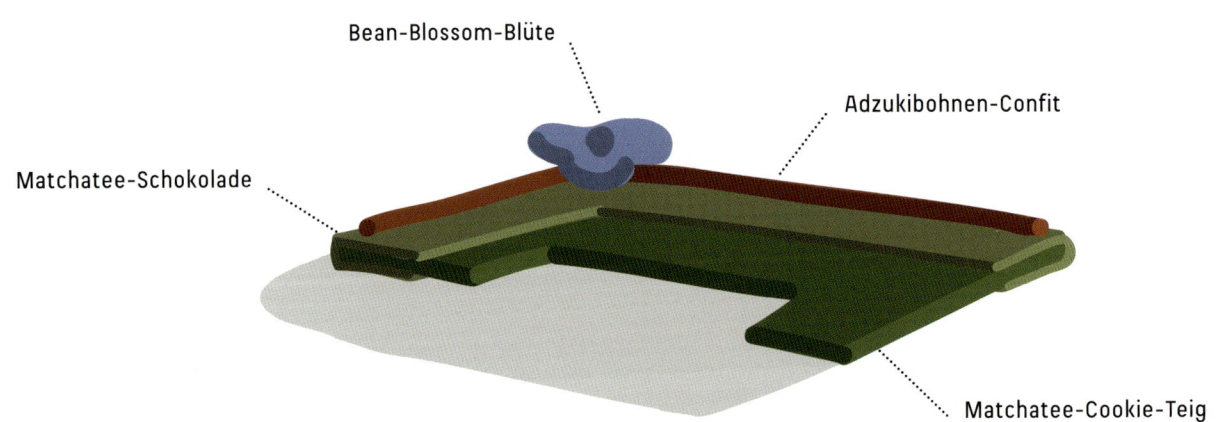

Bean-Blossom-Blüte

Adzukibohnen-Confit

Matchatee-Schokolade

Matchatee-Cookie-Teig

450	g	**Zucker**
10	g	**Agar-Agar**
		> mischen und zugeben
450	g	**Sauerkirschen**
7	g	**Salz**
		> dazugeben, aufkochen und etwa 2 Minuten köcheln lassen
		> Gelee in der Kühlung erstarren lassen
340	g	**Kirschblütensirup**
		> zum festen Gelee geben und im Thermomix glatt mixen
		> Masse durch ein feines Sieb passieren und in der Kühlung aufbewahren

FERTIGSTELLUNG

> Den gekühlten Cookie-Teig zwischen 2 Folien mithilfe von 2 mm dicken Ausrollleisten dünn ausrollen, dann die Teigplatten einfrieren

> Aus den gefrorenen Teigplatten Kekse ausstechen, diese auf Silpatmatten setzen und bei 130 °C etwa 15 Minuten abbacken

> Die ausgekühlten Kekse zur Hälfte mit der Matchatee-Schokolade überziehen

> Die in Matchatee-Schokolade getauchten Hälften der Cookies mit dem Adzukibohnen-Confit bestreichen bzw. in einer Linie aufbringen

> Die Cookies mit je einer Bean-Blossom-Blüte (Koppert Cress) ausgarnieren

1

2

3

ROTE-BETE-COOKIE
MIT PASSIONSFRUCHT

ROTE-BETE-COOKIE-TEIG _____

250	g	weiche Butter
250	g	Puderzucker
		> cremig aufschlagen
100	g	Vollei
60	g	Rote-Bete-Granulat (Ener-Chi)
10	g	Salz
		Abrieb von 1 unbehandelten Limette
		> mischen und zugeben
500	g	Weizenmehl, Type 405
		> dazugeben und rasch unterkneten
		> Teig in Folie wickeln und über Nacht in die Kühlung geben

PASSIONSFRUCHT-GANACHE _____

130	g	Passionsfruchtsaft
		> auf 35 g reduzieren
100	g	Passionsfruchtsaft
60	g	Invertzuckersirup
		> unterrühren
195	g	weiße Kuvertüre 33 %
		> schmelzen und unter die warme Flüssigkeit rühren
		> Ganache glatt mixen und emulgieren, dann auf etwa 35 °C abkühlen lassen

30	g	braune Butter
		> abkühlen lassen und unterrühren
		> Ganache glatt mixen und emulgieren, dann für mindestens 12 Stunden in die Kühlung geben

ROTE-BETE-SCHOKOLADE _____

500	g	temperierte weiße Kuvertüre 33 %
50	g	Rote-Bete-Pulver
40	g	Rote-Bete-Granulat (Ener-Chi)
		> mischen

ROTE-BETE-GANACHE _____

175	g	Rote-Bete-Saft
		> aufkochen
345	g	Rote-Bete-Schokolade (s.o.)
		> unterrühren, glatt mixen und emulgieren
20	g	Limettensaft
		Abrieb von 1 unbehandelten Limette
1		Prise Zitronensäure
		> unterrühren
		> Ganache auf etwa 35 °C abkühlen lassen
30	g	braune Butter
		> abkühlen lassen, unterrühren, glatt mixen und emulgieren
		> Ganache für mindestens 12 Stunden in die Kühlung geben

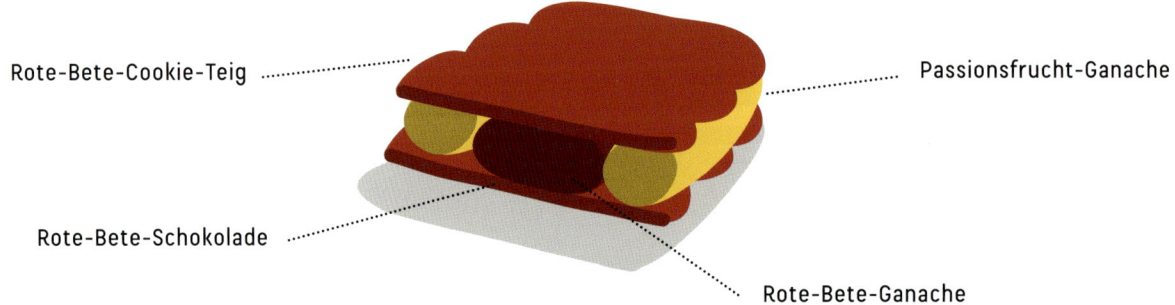

Rote-Bete-Cookie-Teig

Passionsfrucht-Ganache

Rote-Bete-Schokolade

Rote-Bete-Ganache

FERTIGSTELLUNG

> Den gekühlten Cookie-Teig zwischen Folie mithilfe von 2 mm dicken Ausrollleisten dünn ausrollen, mit einem Stempel das gewünschte Muster einprägen, dann die Teigplatten einfrieren

> Aus den gefrorenen Teigplatten Kekse ausstechen, diese auf Silpatmatten setzen und bei 130 °C etwa 15 Minuten abbacken

> Die restliche Rote-Bete-Schokolade temperieren und zwischen 2 Folien dünn ausstreichen, anziehen lassen und mit dem selben Ausstecher wie für die Kekse Platten ausstechen

> Zur Fertigstellung der Cookies, die Keks-Innenseiten jeweils dünn mit temperierter Rote-Bete-Schokolade bestreichen, um zu verhindern, dass diese durchweichen

> Auf die vorher ausgestochenen Schokoladenplatten jeweils im Verhältnis 2:1 die Rote-Bete-Ganache und die Passionsfrucht-Ganache spritzen

> Anschließend mit den vorbereiteten Keksen zu einer Art „Doppelkeks" zusammensetzen

> Luftdicht und kühl aufbewahren

Sauerkirsche

DRAGIERTE PIEMONTESER
HASELNÜSSE & SAUERKIRSCHE

DRAGIERTE PIEMONTESER
HASELNÜSSEE & YUZU

DRAGIERTE PIEMONTESER
HASELNÜSSE & SAUERKIRSCHE

KARAMELLISIERTE HASELNÜSSE ⎯⎯⎯⎯⎯⎯⎯⎯

300	g	Piemonteser Haselnüsse

> bei 150 °C etwa 15 Minuten rösten

75	g	Zucker
50	g	Wasser

> zu einem dunklen Karamell schmelzen

> die gerösteten Nüsse zugeben und karamellisieren

40	g	Butter

> hinzufügen, sodass die Nüsse sich trennen lassen

> auf Silpatmatten verteilen und die Nüsse trennen

SAUERKIRSCH-SCHOKOLADE ⎯⎯⎯⎯⎯⎯⎯

400	g	weiße Kuvertüre 40 %
80	g	Kakaobutter

> schmelzen

240	g	Kirschpulver
40	g	gefriergetrocknete Sauerkirschen
1,6	g	Fleur de Sel
0,2	g	gemahlener Zimt
0,4	g	Zitronensäurepulver
1	g	Tonkabohne, gerieben
		Mark von 1 Vanilleschote

> mischen

> in den Thermomix geben und glatt mixen

SCHUTZSCHICHT ⎯⎯⎯⎯⎯⎯⎯⎯⎯⎯

45	g	Wasser

> erwärmen

70	g	Maltodextrin

> unterrühren

10	g	Kakaobutter, aufgelöst

> unterrühren und auflösen

> wenn die Nüsse fertig dragiert sind, und keine Schokolade mehr übrig ist, wird ein Schutzmantel mit Maltodextrin dazugegeben (siehe Fertigstellung). Als Richtwert gilt dabei 10 g pro Kilogramm fertiger Schokoladennüsse

GLASUR ⎯⎯⎯⎯⎯⎯⎯⎯⎯⎯⎯⎯

28	g	Alkohol 70 Vol.-%
20	g	Wasser
10	g	Gummi arabicum

> verrühren

FERTIGSTELLUNG ⎯⎯⎯⎯⎯⎯⎯⎯⎯

> Die erkalteten Nüsse in eine Dragiermaschine (z. B. den Küchenmaschinen-Aufsatz von 100%Chef) geben und die Maschine laufen lassen

> Dann eine kleine Menge übertemperierter (35-40 °C) Sauerkirsch-Schokolade dazugeben und die Nüsse damit ummanteln

> Durch das Rühren kristallisiert die Schokolade um die Nüsse, dann kann der Vorgang wiederholt werden

> Solange weitermachen, bis die Schokolade aufgebraucht ist

> Wenn alle Nüsse mit Schokolade dragiert sind und keine Schokolade mehr übrig ist, die Schutzschicht dazugeben und die Maschine so lange laufen lassen, bis die Schicht die einzelnen Nüsse ummantelt hat

> Zum Schluss die Glasur in die laufende Maschine gegeben und die Maschine so lange laufen lassen, bis die Glasur die einzelnen Nüsse abgeglänzt hat

(Der Alkohol in der Glasur dient zur gleichmäßigen Verteilung des Gummi arabicums und verdampft rasch)

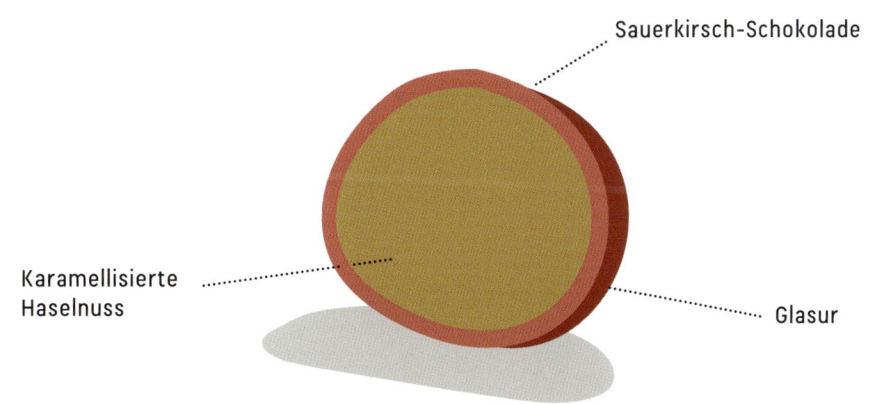

Sauerkirsch-Schokolade

Karamellisierte
Haselnuss

Glasur

DRAGIERTE PIEMONTESER
HASELNÜSSE & YUZU

KARAMELLISIERTE HASELNÜSSE _____

300	g	Piemonteser Haselnüsse

> bei 150 °C etwa 15 Minuten rösten

75	g	Zucker
50	g	Wasser

> zu einem dunklen Karamell schmelzen

> gerösteten Nüsse zugeben und
karamellisieren

40	g	Butter

> hinzufügen, sodass die Nüsse sich
trennen lassen

> auf Silpatmatten verteilen und die Nüsse
trennen

YUZU-SCHOKOLADE _____

50	g	Kakaobutter, aufgelöst
0,3	g	gelbe, fettlösliche Schokoladenfarbe
0,3	g	grüne, fettlösliche Schokoladenfarbe

> mischen und glatt mixen

550	g	weiße Kuvertüre 40 %

> zugeben und verrühren

50	g	Yuzusaftpulver
	10	Tropfen Yuzu-Essenz (Eurovanille)
6	g	Yuzuschalenpulver
	6	Tropfen Limettenessenz (Eurovanille)
2,5	g	Fleur de Sel

> zugeben und alles im Thermomix glatt
mixen

SCHUTZSCHICHT _____

45	g	Wasser

> erwärmen

70	g	Maltodextrin

> unterrühren

10	g	Kakaobutter, aufgelöst

> unterrühren und auflösen

> wenn die Nüsse fertig dragiert sind, und
keine Schokolade mehr übrig ist, wird ein
Schutzmantel mit Maltodextrin dazugege-
ben (siehe Fertigstellung). Als Richtwert gilt
dabei 10 g pro Kilogramm fertiger Schokola-
dennüsse

GLASUR _____

28	g	Alkohol 70 Vol.-%
20	g	Wasser
10	g	Gummi arabicum

> verrühren

FERTIGSTELLUNG _____

> Die erkalteten Nüsse in eine Dragiermaschine
(z. B. den Küchenmaschinen-Aufsatz von 100%Chef)
geben und die Maschine laufen lassen

> Dann eine kleine Menge übertemperierter (35-40 °C)
Yuzu-Schokolade dazugeben und die Nüsse damit
ummanteln

> Durch das Rühren kristallisiert die Schokolade um die
Nüsse, dann kann der Vorgang wiederholt werden

> Solange weitermachen, bis die Schokolade aufge-
braucht ist

> Wenn alle Nüsse mit Schokolade dragiert sind und
keine Schokolade mehr übrig ist, die Schutzschicht
dazugeben und die Maschine so lange laufen lassen,
bis die Schicht die einzelnen Nüsse ummantelt hat

> Zum Schluss die Glasur in die laufende Maschine ge-
geben und die Maschine so lange laufen lassen,
bis die Glasur die einzelnen Nüsse abgeglänzt hat

(Der Alkohol in der Glasur dient zur gleichmäßigen
Verteilung des Gummi arabicums und verdampft
rasch)

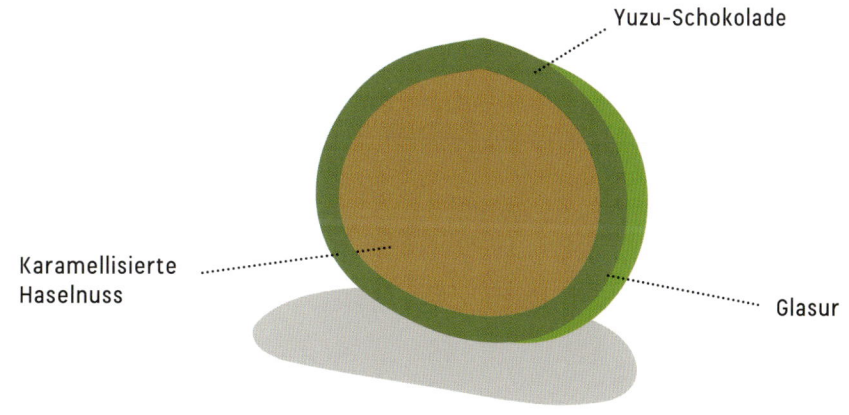

Yuzu-Schokolade

Karamellisierte
Haselnuss

Glasur

ZITRONEN-INGWER-RINGE

Cocktail

FLUFFY DUCK

ZITRONEN-INGWER-RINGE

ZITRONEN-CONFIT _____

5	unbehandelte Zitronen
	Zucker
	Zitronen- und Orangensaft

> Die Schale der Zitronen mit einem Spar-
schäler dünn abschälen und in kaltem
Wasser aufsetzen, aufkochen lassen und
abgießen. Diesen Vorgang etwa 8-mal
wiederholen. Die blanchierten Schalen abwiegen und jeweils mit den gleichen Teilen
Zucker und Zitronensaft aufkochen, pürieren
und passieren. Das püreeartige Confit kann
in großen Mengen hergestellt und portionsweise auf Vorrat eingefroren werden

ZITRONEN-INGWER-GELEE _____

150	g	Zitronensaft
80	g	Zitronenconfit (s.o.)
40	g	Ingwer, sehr fein gerieben
	20	Tropfen Zitronensäure

> in einen Topf geben und erwärmen

240	g	Trockenglukose
40	g	Instant-Gelatine
20	g	Dextrosepulver
1	g	Fleur de Sel
0,5	g	gemahlener Ingwer

> mischen und zugeben
> unter Rühren aufkochen

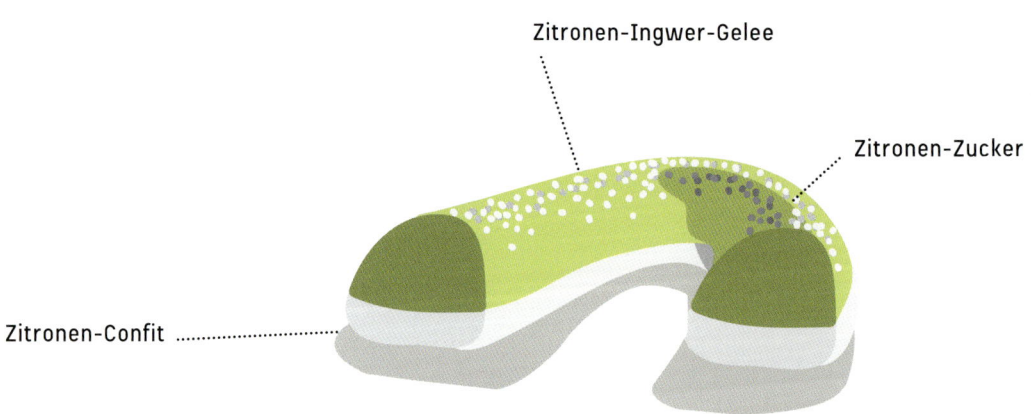

Zitronen-Ingwer-Gelee

Zitronen-Zucker

Zitronen-Confit

ZITRONEN-ZUCKER

	Anti-Feuchtigkeitszucker (Süßer Schnee)
50 g	Zitronenpulver

> mischen
> luftdicht aufbewahren

FERTIGSTELLUNG

> Silikonformen „Mini-Savarin" (Silikomart: SF010)
  hauchdünn mit Trennfett aussprühen

> Dann die Formen zu einem Drittel mithilfe eines
  Fülltrichters mit dem Zitronen-Ingwer-Gelee füllen
  und das Gelee erstarren lassen

> Die restliche Geleemasse in der Küchenmaschine
  schaumig aufschlagen, dann kalt ausschlagen und
  zügig in die vorbereiteten Formen füllen

> Die Geleeringe mindestens 6 Stunden in der Kühlung
  anziehen lassen

> Dann aus den Silikonformen nehmen und im Zitronen-
  Zucker wälzen

> Die Geleeringe luftdicht aufbewahren

2

3

1

4

FLUFFY DUCK

Cocktail

„ENTEN"-CREME

130	g	Sahne
140	g	Vollmilch
110	g	Eigelb
50	g	Zucker
1,5	g	Salz

> in den Thermomix geben und auf 70 °C erhitzen

9	g	Gelatine „Platin"

> einweichen, ausdrücken und zugeben, dann glatt mixen

> Fond auf gecrushtem Eis auf etwa 35 °C abkühlen lassen

30	g	Pfirsichlikör
25	g	Triple Sec
20		Tropfen Zitronensäure
20		Tropfen Orangenblütenwasser

> unterrühren

150	g	Sahne, geschlagen

> unterheben

„ENTENSCHNABEL"-MASSE

250	g	geröstete Mandeln

> so lange im Thermomix mixen, bis eine ölige Masse entstanden ist

220	g	weiße Kuvertüre 35 %, aufgelöst
30	g	Kakaobutter
2	g	Fleur de Sel
1,5	g	orange, fettlösliche Schokoladenfarbe

> unterrühren und glatt mixen

MANDEL-CRUMBLE

30	g	Wasser
20	g	Maltodextrin
20	g	Zucker
3	g	Salz

> zu einem Sirup einkochen

200	g	feinster Mandelgrieß

> unterrühren, bis sich ein dicker Klumpen bildet

> Teigklumpen tieffrieren

> den gefrorenen Teigklumpen im Thermomix fein mahlen

> eine Pfanne auf dem Herd erhitzen, die Brösel hineingeben und anrösten, bis sie leicht aufgehen und trocken sind

40	g	Zucker
40	g	Wasser

> auf 120 °C einkochen

> die gerösteten Brösel dazugeben und karamellisieren

> luftdicht und trocken aufbewahren

EIGELBCREME

45	g	Eigelb
20	g	Zucker
45	g	Sahne
1	g	Iota-Carrageen

> im Thermomix auf 70 °C erhitzen

MANGO-COCKTAIL

300	g	Orangensaft, frisch gepresst
600	g	Mangoabschnitte, klein geschnitten
100	g	Zitronensaft
120	g	Triple Sec
400	g	Pfirsichlikör
120	g	Passionsfruchtsaft
100	g	Eigelbcreme (s.o.)
185	g	Gin 40 Vol.-%
		Abrieb von 1 unbehandelten Orange

> glatt mixen, passieren und leicht anfrieren

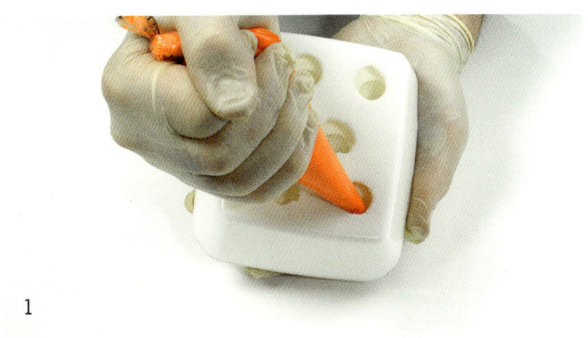

1

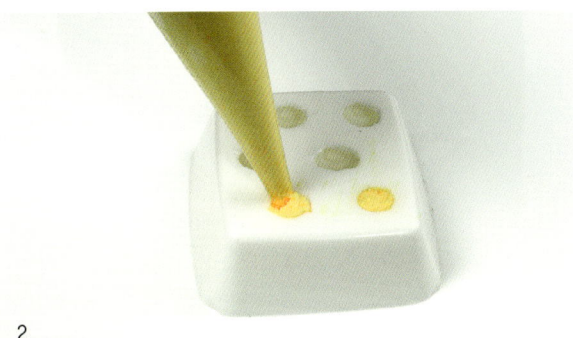

2

FLUFFY DUCK

FERTIGSTELLUNG _____

Fluffy Duck ist abgeleitet von einem klassischen Cocktail basierend auf Gin.

> **Silikon-Entenformen herstellen:**
  Dazu kleine Plastikenten zum Beschweren mit Gips auffüllen und mit doppelseitigem Klebeband in Plastikbecher kleben, damit diese nicht an der Oberfläche „schwimmen". Lebensmittelechtes Silikon aus den Komponenten A und B im gleichen Verhältnis miteinander mischen und rasch über die Plastikenten gießen. Mindestens 6 Stunden aushärten lassen, aus dem Plastikbecher nehmen und die Plastikenten ausformen.

> Die Schnäbel der Enten mithilfe eines Spritztütchens mit der Schnabelmasse füllen und anziehen lassen

> Den Rest der Silikonformen mit der Entencreme füllen und im Schockfroster (-30 °C) tieffrieren

> Die gefrorenen Enten aus der Silikonform nehmen, die Augen mit dunkler Kuvertüre aufdressieren

> Mangos in Scheiben schneiden und daraus kleine Ringe ausstechen (Abschnitte werden für den Cocktail benötigt, siehe Seite 151)

> Die Mangoscheiben in Glasschälchen platzieren und die gefrorenen Enten daraufsetzen

> Den Mandel-Crumble um die Enten streuen

> Zum Schluss mit dem leicht angefrorenen, dickflüssigen Mango-Cocktail aufgießen

> Sofort servieren

3

4

„Enten"-Creme

„Entenschnabel"-Masse

Mandel-Crumble

Mango-Cocktail

Mangoscheibe

CHRISTIAN HÜMBS

»Kreativität liegt in jedem Menschen und lässt
uns jeden Tag die Grenzen unserer eigenen
Arbeit neu stecken.«

BUCHWEIZEN & APFELKRAUT

DILL & PASSIONSFRUCHT

BUCHWEIZEN & APFELKRAUT

Buchweizen

BUCHWEIZEN-GANACHE

600	g	**Crème double**

> leicht erwärmen

250	g	**Buchweizen**

> dunkel rösten und zugeben

> mindestens 3 Stunden ziehen lassen, dabei ab und zu umrühren

> Masse passieren und die Crème double auf 420 g auffüllen

420	g	**Buchweizen-Crème-double (s.o.)**
75	g	**Glukosesirup**
60	g	**Karamellsirup**

> aufkochen

600	g	**weiße Kuvertüre 37 %** **(Edel Weiß, Original Beans)**

> unterrühren, glatt mixen und emulgieren

100	g	**Buchweizenmehl, geröstet**

> zugeben und abschmecken

FERTIGSTELLUNG

250	g	**Apfelkraut**

> Silikon-Halbkugelformen dünn mit 3 verschiedenen Kuvertüren: Milch (42 % Esmeraldas Milk, Original Beans) dunkel (66 % Beni Wild Harvest, Original Beans) und weiß (37 % Edel Weiß, Original Beans) mithilfe eines Fingers ausstreichen

> Anschließend mit weißer Kuvertüre 37 % (Edel Weiß, Original Beans) ausgießen und kristallisieren lassen

> Dann die Formen zu einem Drittel Höhe mit Apfelkraut füllen

> Die emulgierte Ganache einfüllen und über Nacht kristallisieren lassen

> Am nächsten Tag die Pralinen-Halbkugeln dünn mit weißer Kuvertüre 37 % (Edel Weiß, Original Beans) verschließen und zusammensetzen

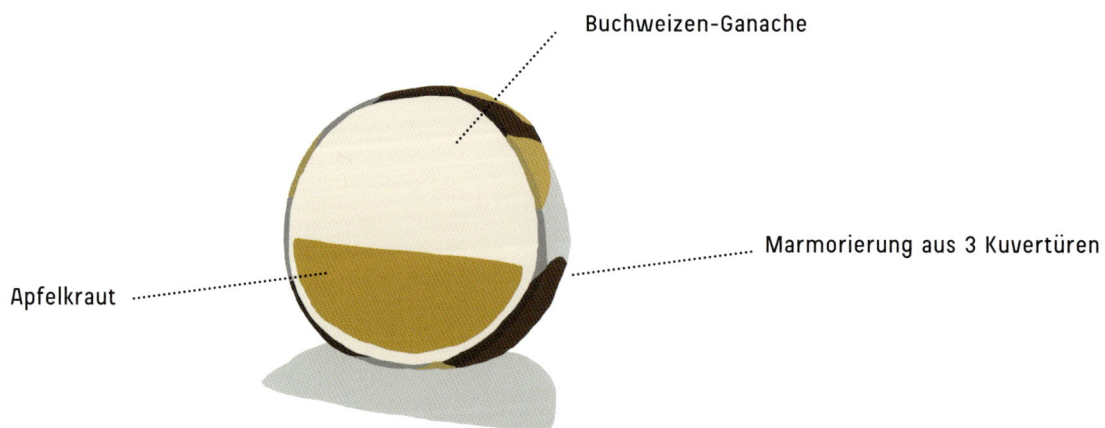

Buchweizen-Ganache

Marmorierung aus 3 Kuvertüren

Apfelkraut

1

2

3

4

5

6

DILL & PASSIONSFRUCHT

DILL-PASSIONSFRUCHT-GANACHE _____

7		Bund frischer Dill

> Stiele des Dills entfernen

> Dillblätter entsaften und durch ein Siebnetz passieren (es sollten 100 g Dillsaft entstehen)

50	g	Passionsfruchtmark
50	g	Glukosesirup
50	g	Sahne

> aufkochen

250	g	weiße Kuvertüre 37 % (Edel Weiß, Original Beans)

> auflösen und unterrühren

50	g	kalte Butter

> montieren

100	g	Dillsaft

> untermixen und die Ganache emulgieren

FERTIGSTELLUNG _____

> Silikon-Halbkugelformen mit Kakaobutter in 4 verschiedenen Grüntönen sprenkeln (am besten mit einer Zahnbürste)

> Anschließend dünn mit weißer Kuvertüre 37 % (Edel Weiß, Original Beans) ausgießen und kristallisieren lassen

> Die emulgierte Ganache einfüllen und über Nacht kristallisieren lassen

> Am nächsten Tag die Pralinen-Halbkugeln dünn mit weißer Kuvertüre 37 % (Edel Weiß, Original Beans) verschließen und zusammensetzen

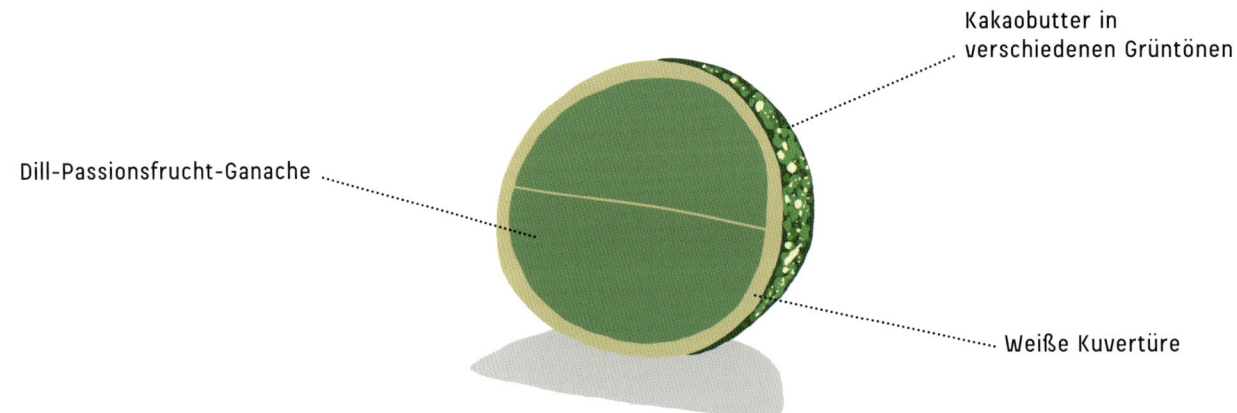

Kakaobutter in verschiedenen Grüntönen

Dill-Passionsfrucht-Ganache

Weiße Kuvertüre

1

2

3

4

5

VANILLE-KARAMELL MIT MADAGASCAR-PFEFFER

KARAMELLBONBONMASSE ──────────────

500	g	Sahne
410	g	Glukosesirup
125	g	Zucker
		Mark von 1 Vanilleschote

> mischen und unter Rühren zu einem gold-braunen Karamell kochen (140 °C)

> Kochprozess stoppen und die Masse kurz ruhen lassen

50	g	**gesalzene Butter**

> rasch unterrühren und emulgieren, bis eine glatte Masse entsteht

FERTIGSTELLUNG ──────────────

> Die Masse in Silikon-Halbkugelformen abfüllen

> Zuerst grobes Lakritzpulver, anschließend eine Mischung aus grob gestoßenen Madagascar-Pfeffer-körnern und etwas Maldon Sea Salt darüberstreuen

> Alles mit Backpapier abdecken und gut auskühlen lassen

> Aus der Form drücken und mit weißer Kuvertüre 37 % (Edel Weiß, Original Beans) überziehen

> Mit Kornblumen und etwas gemahlenem Madagascar-Pfeffer bestreuen

1

2

3

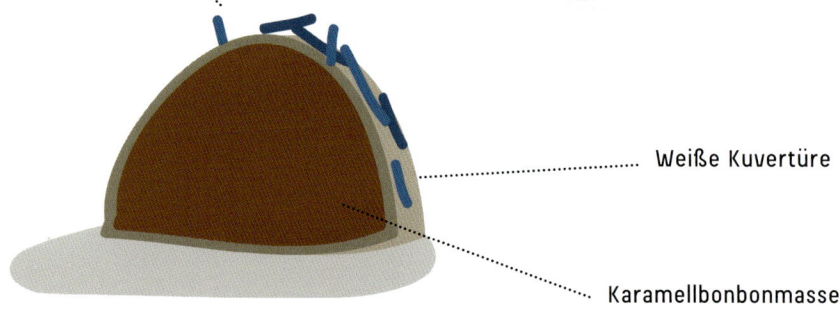

Kornblumen mit
Madagascar-Pfeffer

Weiße Kuvertüre

Karamellbonbonmasse

VANILLE-KARAMELL MIT MADAGASCAR-PFEFFER

GIN TONIC & WEISSE SCHOKOLADE

PETERSILIE

PETERSILIE, HIMBEEREN & LITSCHI

WEISSE LUFTSCHOKOLADE

400	g	weiße Kuvertüre 37 % (Edel Weiß, Original Beans)
140	g	Kakaobutter

> schmelzen

Mark von 1 Vanilleschote

> zugeben und glatt mixen
> Fond in einen Espuma-Siphon (ISI) geben und etwas abkühlen lassen
> nacheinander 2 Gaspatronen aufschrauben und die Flasche gut schütteln

GIN-SPHÄRE

GIN-SUD

600	g	Tonic Water (Fentimans)
		Abrieb von 2 unbehandelten Zitronen
4	g	Rosmarin
30	g	Gin Sul (Altonaer Spirituosen Manufaktur)
30	g	Läuterzucker
10	g	Ingwer, geschält
25	g	Zitronengras
1		Vanilleschote

> mischen, vakuumieren und bei 40 °C 4 Stunden ziehen lassen

1	g	Xanthan
		Gurken-Brunoise

> Masse passieren, mit Xanthan abbinden
> Gurken-Brunoise zu einem Drittel Höhe in Silikon-Halbkugelformen abfüllen
> mit dem Gin-Sud auffüllen und tieffrieren
> die tiefgefrorenen Gin-Halbkugeln aus der Silikonform nehmen, je einen auf eine dünne Nadel spießen und nochmals tieffrieren

ÜBERZUGS-GELEE

800	g	Wasser
150	g	Zucker
60	g	vegetarische Gelatine

> aufkochen und etwas abkühlen lassen

GIN-GURKEN-GEL

750	g	Tonic Water (Fentimans)
250	g	Cucumis (Gurken-Limonade)
18	g	Agar-Agar

> aufkochen und kalt stellen, bis die Masse fest ist

Saft und Abrieb von 2 unbehandelten Orangen

50	g	Gin
300	g	Zucker
10	g	Fruchtsäure
50	g	Gurken, geschält und entkernt

> zugeben und zu einer glatten Masse mixen

ORANGENZESTEN

200	g	Wasser
200	g	Zucker

> aufkochen

1	unbehandelte Orange

> mit einem Sparschäler schälen und in Julienne schneiden
> mindestens 1 Woche im Läuterzucker einlegen

FERTIGSTELLUNG

> Den Schokoladen-Espuma in eine Vakuum-Box sprühen, anschließend vakuumieren und dann im Schockfroster einfrieren
> Die erstarrte Luftschokolade mithilfe eines Messers in Stücken aus der Box nehmen
> Die tiefgefrorenen Gin-Halbkugeln mit der Nadel durch das vorbereitete Überzugs-Gelee ziehen, dann die Nadel entfernen
> Jeweils eine aufgetaute Gin-Sphäre vorsichtig auf einen Luftschokoladen-Boden setzen
> Je einen kleinen Gurkenkreis (aus Scheiben ausgestochen) auflegen, darauf etwas Gin-Gurken-Gel geben und mit einer Orangenzeste ausgarnieren

1

3

2

4

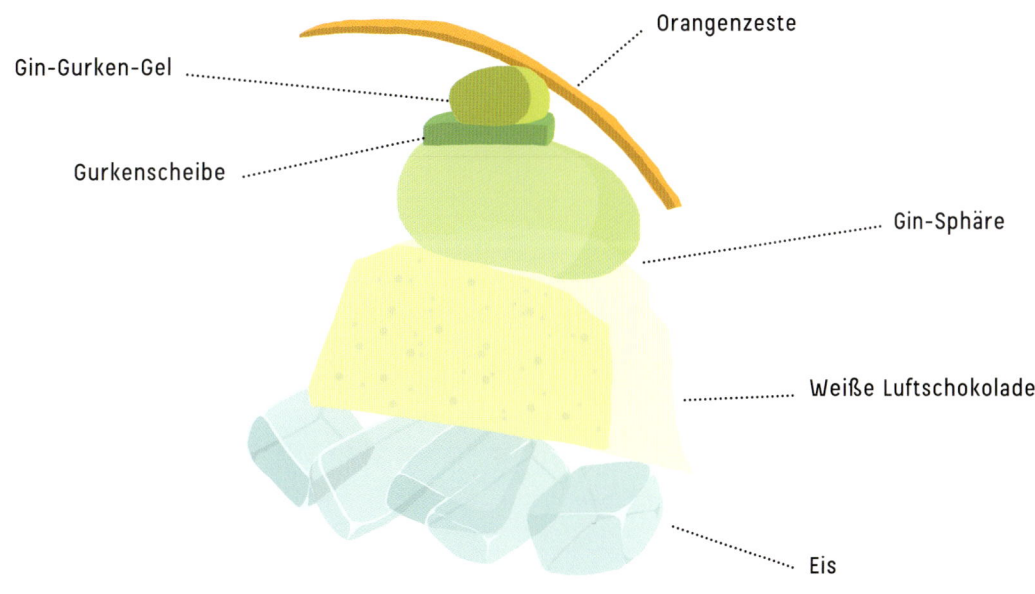

Gin-Gurken-Gel

Orangenzeste

Gurkenscheibe

Gin-Sphäre

Weiße Luftschokolade

Eis

PETERSILIE, HIMBEEREN & LITSCHI

MÜRBETEIG

150	g	zimmerwarme Butter
100	g	Puderzucker
30	g	Mandeln, blanchiert und gemahlen
1		Ei (Größe M)
250	g	Mehl, Type 405

> alle Zutaten zu einem Teig verkneten, in Frischhaltefolie einwickeln und 4 Stunden kühl stellen

> etwa 2 mm dick ausrollen und mit einem Ausstecher (ø 3 cm, Matfer) Kreise ausstechen; bei 190 °C zwischen 2 Silikonmatten backen, damit sich keine Bläschen bilden

PETERSILIENCREME
PETERSILIENMATTE

	10	Bund Petersilie
		etwas grüne Lebensmittelfarbe

> Petersilienblätter abzupfen und blanchieren, in Eiswasser abschrecken und gut ausdrücken

> alles in Pacojet-Behälter geben und mindestens 4-mal pacossieren, dazwischen immer wieder einfrieren

500	g	Petersilienwurzel

> Strunk entfernen, schälen und in gleichmäßige Stücke schneiden

50	g	Butter

> in einem Topf erhitzen und die Petersilienwurzel ohne Farbe darin anschwitzen

350	g	Sahne

> ablöschen und kochen, bis die Wurzeln weich sind (wenn nötig, noch etwas Sahne zugeben)

> Sahne einkochen lassen und im Thermomix zu einem Püree verarbeiten

100	g	weiße Kuvertüre 37 % (Edel Weiß, Original Beans)

> in das Püree einmixen

> zwei Drittel Petersilienmatte (siehe linke Spalte) und ein Drittel Petersilienwurzelpüree in Pacojet-Behälter geben und so oft pacossieren, bis eine glatte Creme entsteht

PETERSILIEN-BISKUIT

300	g	Marzipanrohmasse
200	g	Petersilienmatte (siehe linke Spalte)
100	g	Zucker

> glatt mixen und schaumig aufschlagen

210	g	Eigelb
150	g	Vollei

> mischen und nach und nach unterrühren, 5 Minuten schaumig aufschlagen

130	g	weiße Kuvertüre 37 % (Edel Weiß, Original Beans)
100	g	Butter

> zusammen auflösen, ebenfalls unterrühren, weitere 5 Minuten schaumig aufschlagen

250	g	Eiweiß
130	g	Zucker

> zu cremigem Eischnee aufschlagen

> Eischnee unter die Grundmasse heben

100	g	getrocknete Petersilie
50	g	Weizenmehl, Type 405

> mischen und untermelieren

> Masse als Kapsel dünn aufstreichen

> Backen: 200 °C / etwa 10 Minuten

> nach dem Backen auskühlen lassen, dann mithilfe einer Lochtülle (Nr. 12) rund ausstechen

PETERSILIEN-GELEE

	5	Bund Blattpetersilie

> Petersilie mixen und den Saft mithilfe eines Passiertuchs auspressen

200	g	Petersiliensaft (s.o.)
10	g	Reisessig (Otafuku)
10	g	vegetarische Gelatine

> mischen und einmal aufkochen

> Gelee direkt auf ein flaches Blech gießen, sodass eine gleichmäßige Oberfläche entsteht

> mithilfe eines Ausstechers (ø 6 cm) zu Kreisen ausstechen

PETERSILIEN-STAUB

10 Bund   **glatte Petersilie**

> waschen und trocknen, dann im Thermomix zu Mehl verarbeiten

3

1

4

2

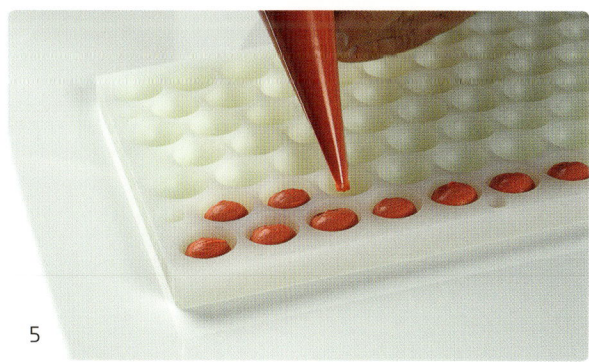

5

HIMBEER-LITSCHI-KUGEL

HIMBEERMOUSSE _____

4 Blätter		Gelatine, eingeweicht und ausgedrückt
40	g	Zucker

> Gelatine mit Zucker und etwas Himbeer-mark (s. u.) glatt rühren und die Gelatine darin auflösen

250	g	Himbeermark
250	g	Mascarpone

> in einer Schüssel glatt rühren
> mit der Gelatine-Zucker-Mischung glatt rühren

200	g	Sahne, geschlagen

> unterheben

LITSCHI-GEL _____

600	g	Litschimark
15	g	Agar-Agar

> aufkochen und erkalten lassen

200	g	Litschimark
20	g	Litschi-Sake

> alles miteinander mixen und auf 40 °C erwärmen

3 Blätter		Gelatine, eingeweicht und ausgedrückt

> zugeben und mixen, bis die Gelatine sich aufgelöst hat
> mit Sake abschmecken

ZUSAMMENSETZEN _____

> Die Hälfte der Silikon-Halbkugelformen zu zwei Dritteln mit der Himbeermousse füllen, dann einen Petersilien-Biskuit-Kreis auflegen und die Halbkugel damit abschließen
> Die andere Hälfte der Silikon-Halbkugelformen mit dem Litschi-Gel füllen

> Beide Hälften zu einer Kugel zusammensetzen und über Nacht einfrieren
> Am nächsten Tag herausnehmen, die Kugeln ausformen und das Petit Four vollständig zusam-mensetzen (siehe Fertigstellung)

HIMBEER-GEL _____

750	g	Himbeermark
18	g	Agar-Agar

> kräftig aufkochen und im Kühlhaus erkalten lassen

100	g	Himbeermark
100	g	Himbeeren

> zusammen im Thermomix glatt mixen
> nach Bedarf zusätzliches Himbeermark zugeben, bis die gewünschte Konsistenz erreicht ist

30	g	Fruchtsäure

> mit Fruchtsäure abschmecken
> wenn nötig, durch ein Siebnetz passieren

FERTIGSTELLUNG _____

> Am nächsten Tag die Himbeer-Litschi-Kugeln ausformen
> Je eine frische Himbeerscheibe auf eine Mürbeteig-scheibe geben, darauf je eine Himbeer-Litschi-Kugel setzen
> Darauf wiederum eine Petersilien-Gelee-Scheibe legen
> Alles mit Petersilien-Staub bestreuen
> Jeweils einen Tupfen Himbeer-Gel und Petersilien-creme daraufsetzen
> Mit in Zucker und Eiweiß gewälzter und dehydrierter Petersilienwurzel, Schafgarbe, Waldmoos, Petersilien-kresse und Blüten nach Belieben ausgarnieren

6

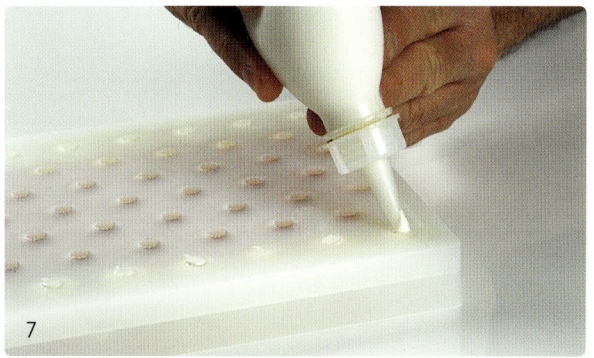

7

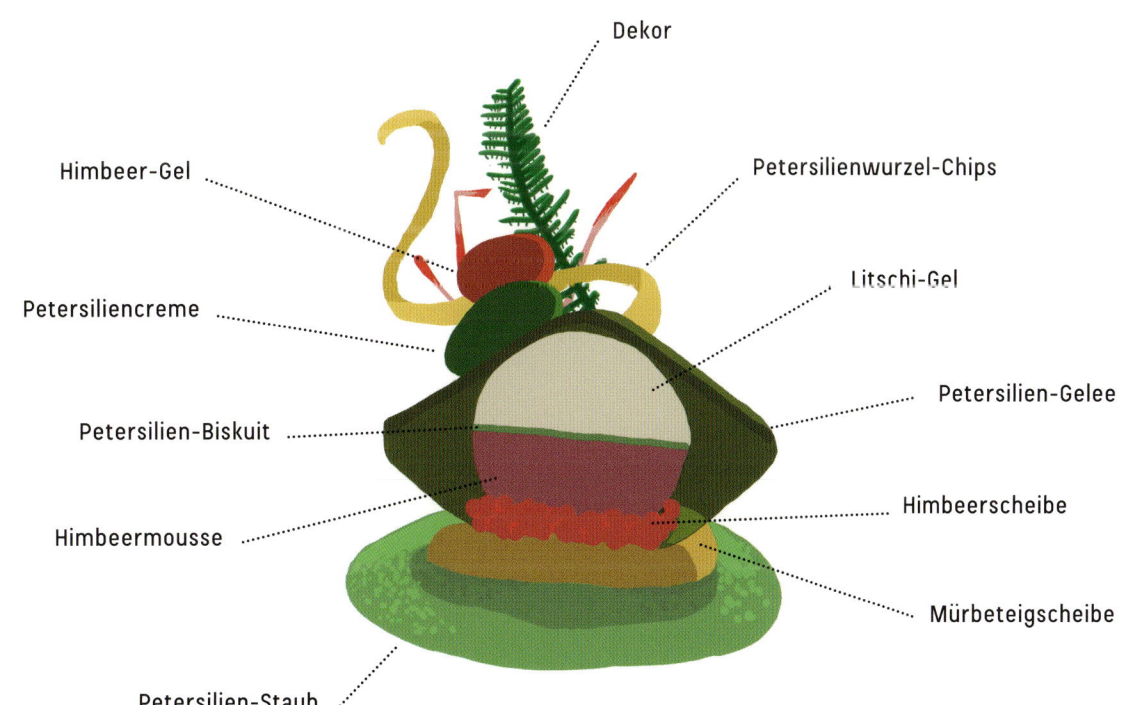

Dekor

Himbeer-Gel

Petersilienwurzel-Chips

Petersiliencreme

Litschi-Gel

Petersilien-Biskuit

Petersilien-Gelee

Himbeermousse

Himbeerscheibe

Mürbeteigscheibe

Petersilien-Staub

SYLTER MILCH-MACARON

SCHOKOLADEN-MACARON MIT BAILEYS

SYLTER MILCH-MACARON

MACARONMASSE _____

300	g	Zucker
100	g	Wasser

> auf 113 °C einkochen

110	g	Eiweiß
40	g	Zucker
1		Prise Salz

> zu cremigem Eischnee halbsteif (!) schlagen

> den heißen Zuckersirup langsam in die halbsteif aufschlagende Eiweißmasse gießen

> Baisermasse kalt ausschlagen

670	g	TantpourTant (Bosfood)
5	g	Kakaopulver
110	g	Eiweiß

> verrühren und verkneten, bis die Masse homogen ist

> ein Drittel der Baisermasse unter die Mandelmasse rühren, bis diese glatt ist

> anschließend den Rest vorsichtig unterheben, bis wiederum eine glatte Masse entsteht

> dabei darauf achten, dass die Fließfähigkeit der Macaronmasse nicht zu dünn wird

> Macaronmasse mithilfe eines Spritzbeutels (Lochtülle Nr. 6) auf Silpatmatten dressieren

> Macaronschalen antrocknen lassen, dann abbacken

> Backen: 160 °C / etwa 15 Minuten

SYLTER MILCH-GANACHE _____

200	g	Sylter Milch (3,5 %)
150	g	Crème double
40	g	Karamellsirup
90	g	Glukosesirup
60	g	Milchpulver
50	g	Crumiel (Texturas)
50	g	Akazienhonig
1		Prise Fleur de Sel

> im Thermomix auf 60 °C erhitzen

400	g	weiße Kuvertüre 37 % (Edel Weiß, Original Beans)

> auflösen, untermixen und emulgieren

FERTIGSTELLUNG

> Die gebackenen und ausgekühlten Macaronschalen vorsichtig von den Silpatmatten lösen

> Die Ganache bei Raumtemperatur mithilfe eines Spritzbeutels (Lochtülle Nr. 8) auf je eine Macaronschale dressieren

> Die Macarons vorsichtig zusammensetzen und kühl aufbewahren

1

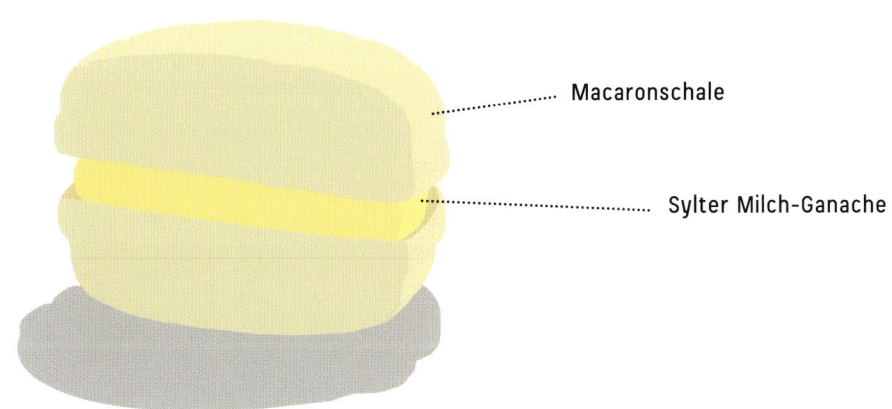

.... Macaronschale

.... Sylter Milch-Ganache

SCHOKOLADEN-MACARON
MIT BAILEYS

SCHOKOLADEN-MACARONMASSE _____

| 300 | g | Zucker |
| 100 | g | Wasser |

> auf 113 °C einkochen

110	g	Eiweiß
40	g	Zucker
1 Prise		Salz

> zu cremigem Eischnee halbsteif (!) schlagen

> den heißen Zuckersirup langsam in die halbsteif aufschlagende Eiweißmasse gießen

> Baisermasse kalt ausschlagen

| 600 | g | TantpourTant (Bosfood) |
| 50 | g | Kakaopulver |

> mischen und sieben

| 110 | g | Eiweiß |

> verrühren und verkneten, bis die Masse homogen ist

> ein Drittel der Baisermasse unter die Mandelmasse rühren, bis diese glatt ist

> anschließend den Rest vorsichtig unterheben, bis wiederum eine glatte Masse entsteht

> dabei darauf achten, dass die Fließfähigkeit der Macaronmasse nicht zu dünn wird

> Macaronmasse mithilfe eines Spritzbeutels (Lochtülle Nr. 6) auf Silpatmatten dressieren

> Macaronschalen antrocknen lassen, dann abbacken

> Backen: 140 °C / etwa 15 Minuten

BAILEYS-GANACHE _____

| 100 | g | Sahne |
| 30 | g | Glukosesirup |

> aufkochen

| 100 | g | Milchkuvertüre 42 % (Esmeraldas Milk, Original Beans) |
| 75 | g | dunkle Kuvertüre 66 % (Beni Wild Harvest, Original Beans) |

> unterrühren, glatt mixen und emulgieren

> Ganache auf etwa 35 °C abkühlen lassen

| 30 | g | Baileys |

> unterrühren und glatt mixen

| 30 | g | Butter |

> unterrühren, glatt mixen und emulgieren

> Ganache in eine Box füllen und mindestens 24 Stunden zum Kristallisieren kühl stellen

FERTIGSTELLUNG _____

> Die gebackenen und ausgekühlten Macaronschalen vorsichtig von den Silpatmatten lösen

> Die Ganache bei Raumtemperatur mithilfe eines Spritzbeutels (Lochtülle Nr. 8) auf je eine Macaronschale dressieren

> Frische Himbeeren halbieren, einlegen und die Macarons vorsichtig zusammensetzen

> Kühl aufbewahren

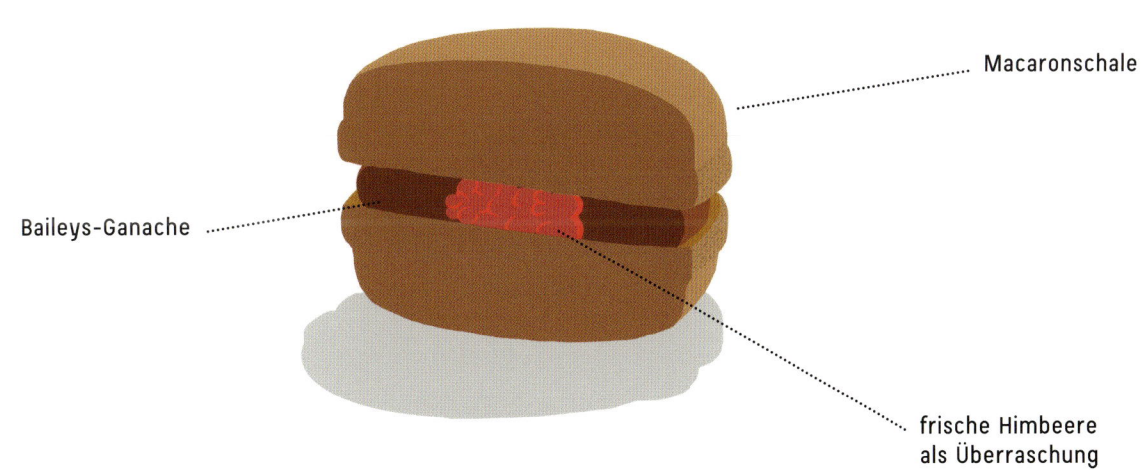

Macaronschale

Baileys-Ganache

frische Himbeere
als Überraschung

GIANDUJA-MACIS-CAKE-POP

SAUERTEIG & ESSIG-KIRSCHEN

GIANDUJA-MACIS-CAKE-POP

MACIS-GANACHE

300	g	Sahne
50	g	Invertzuckersirup
2	g	Macisblüte, gemahlen

> aufkochen

400	g	dunkle Kuvertüre 66 % (Beni Wild Harvest, Original Beans)
100	g	dunkler Nougat

> unterrühren und zu einer Emulsion verarbeiten

Abrieb von 1 unbehandelten Zitrone

> unterrühren

> Fond auf etwa 30 °C abkühlen lassen

100	g	kalte Butter
10	g	Sesamöl

> unterrühren, glatt mixen und emulgieren

KNUSPER-NOUGAT

75	g	Milchkuvertüre 42 % (Esmeraldas Milk, Original Beans)
185	g	Haselnuss-Praliné 60 %

> auflösen und verrühren

90	g	Pailleté Feuilletine (Callebaut)

> unterrühren

ZUCKERRING

> Isomalt bei etwa 140 °C auflösen, auf eine Silikonmatte ausgießen und immer wieder vorsichtig falten (Handschuhe tragen!), bis das Isomalt eine kaugummiähnliche Konsistenz hat

> dünne Fäden abnehmen und um einen Metallring ziehen

FERTIGSTELLUNG

> Halbkugel-Pralinenformen mithilfe eines Fingers dünn mit dunkler Kuvertüre 66 % (Beni Wild Harvest, Original Beans) ausstreichen und kristallisieren lassen

> Die Formen zu zwei Dritteln Höhe mit der Ganache füllen

> Dann jeweils etwas Knuspernougat hineingeben

> Die Formen zusammensetzen und vorsichtig mit dem Rest der Ganache füllen, damit keine Lufteinschlüsse entstehen.

> Die Kugeln vorsichtig aus der Form drücken und jeweils einen Lolli-Stiel hineinschieben, dann einfrieren

> Die Pralinen-Lollies mit temperierter dunkler Kuvertüre 66 % (Beni Wild Harvest, Original Beans) überziehen und mit Haselnusskrokant bestreuen

> Zum Schluss einen Zuckerring um den Pralinen-Lolli anbringen

1

2

3

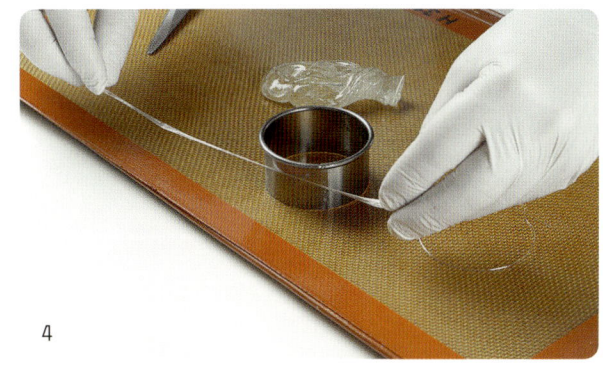

4

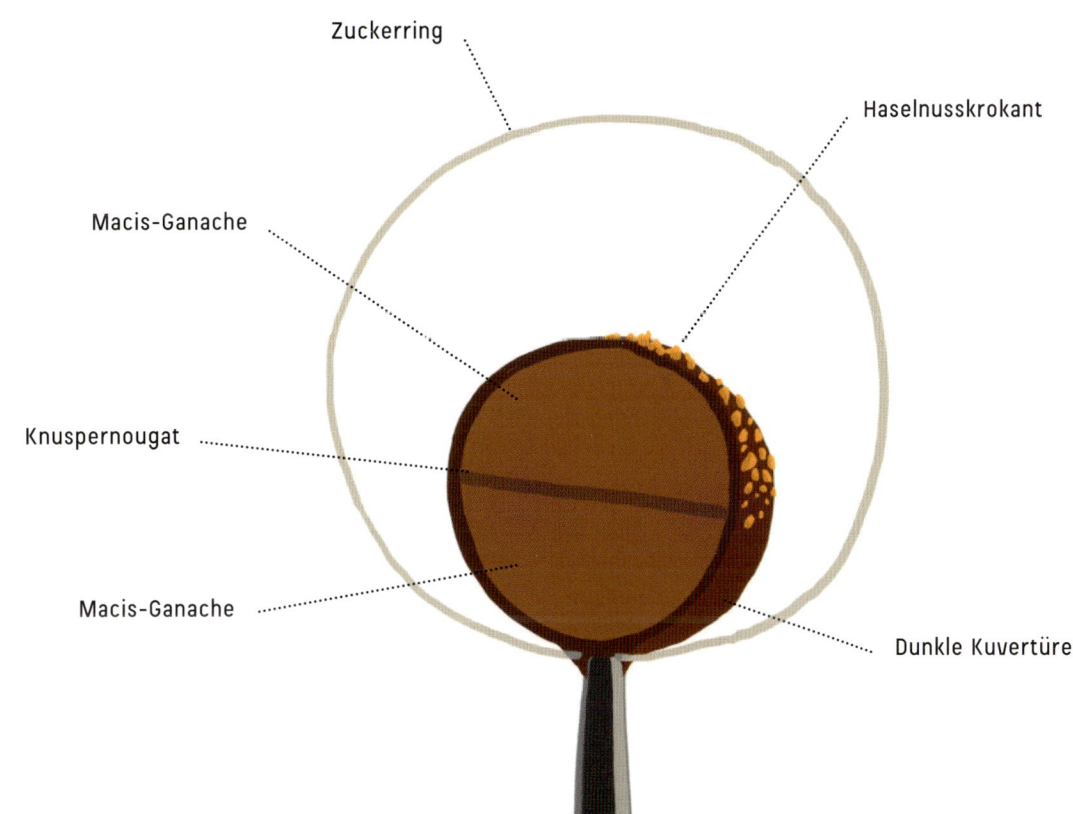

Zuckerring

Haselnusskrokant

Macis-Ganache

Knuspernougat

Macis-Ganache

Dunkle Kuvertüre

SAUERTEIG & ESSIG-KIRSCHEN

SAUERTEIG _____

50	g	weiche gesalzene Butter
140	g	weiche Butter
130	g	Zucker

> mit den Händen oder Knethaken des Rührgerätes mischen

40	g	Eigelb
150	g	gemahlene Haselnüsse
120	g	Mehl, Type 405
50	g	Sauerteigmehl (Sauerteigbrot getrocknet und sehr fein gemixt)
		Mark von 1 Vanilleschote
1 Prise		gemahlener Zimt
1 Prise		Salz

> zugeben und zügig zu einem glatten Teig verkneten

ESSIG-KIRSCHEN _____

500	g	Kirschen, entsteint und halbiert
100	g	Vanilleessig
150	g	Kirschmark, passiert

> Kirschen für 1 Woche in Vanilleessig und Kirschmark einlegen

SAUERTEIG-CHIPS _____

> Sauerteigbrot vom Bäcker des Vertrauens 1-2 mm dick aufschneiden, auf einer Backmatte auslegen und bei 190 °C goldbraun backen

> leicht mit Puderzucker bestreuen und wieder in den Ofen schieben, bis der Puderzucker geschmolzen ist

> zu Chips in der Größe der Sauerteigböden (siehe Fertigstellung) zurechtschneiden

ESSIG-KIRSCH-MARMELADE _____

500	g	Sauerkirschmark
200	g	Sauerkirschsaft
250	g	Kirschblütensirup
200	g	Vanilleessig
80	g	Chardonnayessig
300	g	Gelierzucker (2:1)
	2	Vanilleschoten
4	g	Agar-Agar
10	g	Fruchtsäure

> in einen Topf geben und zu einer Marmelade einkochen

FERTIGSTELLUNG _____

> Aus dem Teig eine Stange (2–3 cm) formen, davon etwa 40 Scheiben abschneiden und diese auf ein mit einer Silikonmatte ausgelegtes Backblech setzen

> In jede Kugel eine kleine Mulde drücken

> Die Hohlräume bis knapp unter den Rand mit der Essig-Kirsch-Marmelade füllen

> Bei 180 °C etwa 20 Minuten auf mittlerer Schiene backen

> Auf Kuchengittern auskühlen lassen

> Nach dem Auskühlen jeweils einen Sauerteig-Chip auflegen und als Topping eine eingelegte Kirsche daraufsetzen

1

3

2

4

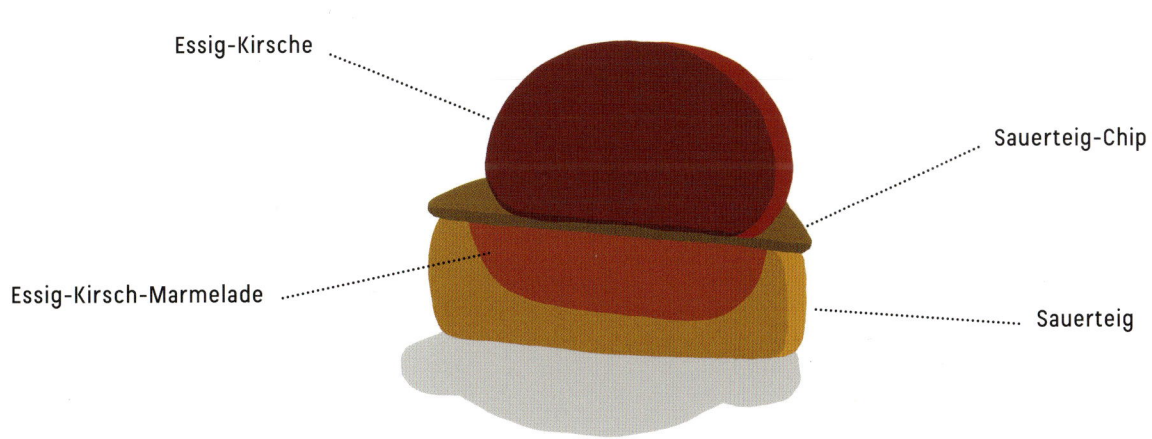

Essig-Kirsche

Sauerteig-Chip

Essig-Kirsch-Marmelade

Sauerteig

SOJASAUCE-ERDBEER-MARSHMALLOW

ROTE SHISO & ERDBEERE

SOJASAUCE-ERDBEER-MARSHMALLOW

SOJASAUCE

700	g	Karotten, geschält und in Stücke geschnitten
50	g	Stangensellerie, in Stücke geschnitten
1	l	Apfelsaft

> Gemüse in einer Pfanne dunkel anbraten und mit Apfelsaft ablöschen

2		Vanilleschoten

> zusammen in einen Vakuumbeutel geben, vakuumieren und mindestens 2 Tage ziehen lassen

> durch ein Sieb passieren, Fond zur Weiterverarbeitung aufbewahren

500	g	Röstfond (s.o.)
100	g	Glukosesirup
50	g	Essig (Mitsukan)
20	g	milde Sojasauce

> mischen und auf 300 g reduzieren

60	g	Ingwer, in dünne Scheiben geschnitten
15	g	Zitronensaft
1		Kaffirlimettenblatt

> zugeben, 5 Minuten ziehen lassen, dann entnehmen

> zur Weiterverarbeitung zur Seite stellen

MARSHMALLOWMASSE

175	g	Zucker
75	g	Glukosepulver
100	g	Wasser
50	g	Glukosesirup

> auf 114 °C einkochen (bei 105 °C beginnen, das Eiweiß zu schlagen)

65	g	Eiweiß

> in der Küchenmaschine auf mittlerer Stufe aufschlagen

> bei 114 °C den heißen Zuckersirup in einem dünnen Strahl in das aufschlagende Eiweiß gießen, dabei weiter schaumig aufschlagen (dabei die Küchenmaschine auf niedrigste Stufe schalten)

4,5		Blätter Gelatine

> 10 Minuten in kaltem Wasser einweichen, ausdrücken und unterrühren

> Masse auf mittlerer Stufe weiter aufschlagen, bis die Masse auf 40 °C abgekühlt ist

75	g	Sojasauce (siehe linke Spalte)
25	g	Erdbeerpüree
5	g	Fruchtsäure

> mischen und unterrühren

FERTIGSTELLUNG

> Einen Metallrahmen (15 x 40 cm) mit Wasser befeuchten und mit Frischhaltefolie auslegen

> Den Boden dünn mit Glukosepulver abstauben

> Die fertige Marshmallowmasse zügig einfüllen, glatt streichen, stramm mit Frischhaltefolie abdecken und im Kühlschrank mindestens 5 Stunden fest werden lassen

> Die fest gewordene Masse aus dem Rahmen nehmen, die Folie entfernen, in Würfel schneiden und dann in einer Mischung aus Erdbeerpulver (Sosa) und Ascorbinsäure wälzen

> Etwas dehydrierte Sojasauce (Food Connection) darüberreiben

> Luftdicht und kühl aufbewahren

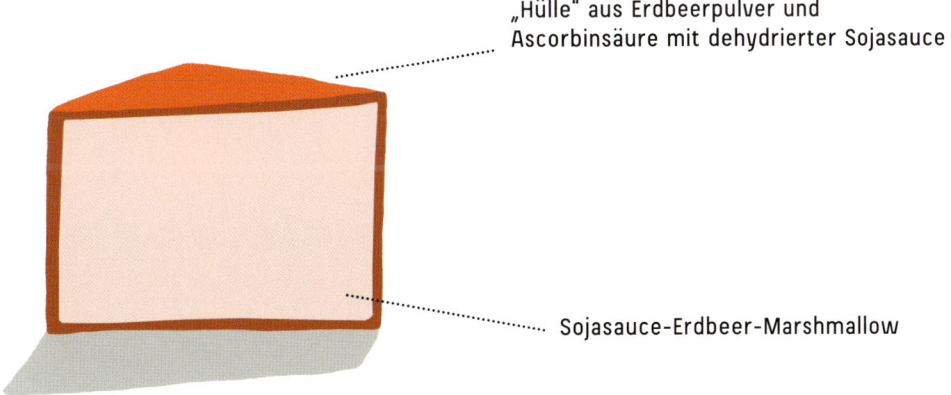

„Hülle" aus Erdbeerpulver und
Ascorbinsäure mit dehydrierter Sojasauce

Sojasauce-Erdbeer-Marshmallow

ROTE SHISO & ERDBEERE

SHISO-SUD

150	g	Zitronensaft
150	g	Limettensaft
100	g	Kalamansisaft
200	g	Yuzusaft
250	g	Läuterzucker
250	g	Verbenenessig
3000	g	Shiso-Pflaumensaft
1		Kiste rote Shisoblätter (Koppert Cress)

> Flüssigkeiten erwärmen und die Shisoblätter 2 Tage darin ziehen lassen, dann passieren

FRUCHT-GELEE

| 165 | g | Himbeermark |
| 315 | g | Shiso-Sud (s.o.) |

> mischen und auf etwa 60 °C erhitzen

12,5	g	Pektine Jaune (Louis François)
6	g	Agar-Agar
50	g	Puderzucker

> mischen und unterrühren

> Fond glatt mixen und aufkochen lassen

| 500 | g | Zucker |
| 100 | g | Glukosepulver |

> mischen, nach und nach dazugeben und unterrühren

> Masse auf 107 °C einkochen

| 4 | | Blätter Gelatine, eingeweicht und ausgedrückt |

> zugeben und auflösen

| 8 | g | Fruchtsäure |
| 5 | g | Himbeergeist |

> rasch unterrühren

PANADE

200	g	Zucker
70	g	Ascorbinsäure
20	g	Himbeerpulver
1		Prise Zimt

> alle Zutaten vermengen

FERTIGSTELLUNG

> Die Masse zügig in einen mit Frischhaltefolie ausgelegten Metallrahmen (60 x 40 cm) gießen, erstarren lassen und kalt stellen

> Den Rahmen und die Folie entfernen

> Die entstandene „Gelee-Matte" in Stücke (2,5 x 2,5 cm) schneiden

> Die Geleewürfel in der Panade wälzen

> Luftdicht und kühl aufbewahren

1

3

2

4

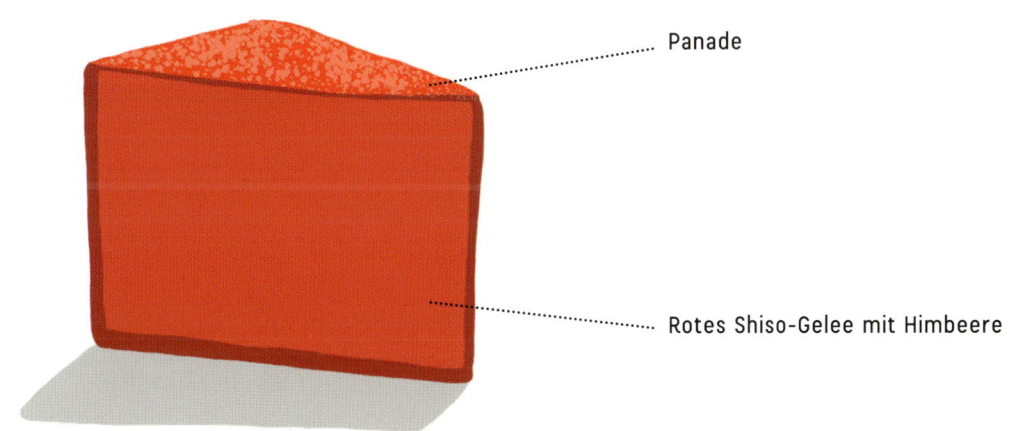

Panade

Rotes Shiso-Gelee mit Himbeere

CANNELÉS

SCHMANDTARTE

CANNELÉS

CANNELÉS

500	g	Milch
50	g	Butter
		Mark von 1 Vanilleschote

> zusammen aufkochen

250	g	Zucker
100	g	Mehl
	2	Eier
	2	Eigelbe

> glatt rühren

> dann die Vanillemilch unterrühren

100	g	brauner Rum

> dazugeben und mit einem Pürierstab gut durchmixen

> Masse durch ein feines Sieb geben und mindestens 24 Stunden im Kühlschrank ruhen lassen

FERTIGSTELLUNG

> Kleine Silikon-Cannelésformen mit der Masse füllen (Darauf achten, dass die Form sehr sauber und nicht fettig ist!)

> Die Cannelés bei 190 °C (Umluft) 45 Minuten backen

> Nach dem Backen die Formen direkt für etwa 10 Minuten in das Gefrierfach stellen, sodass die Cannelés schnell herunterkühlen und somit knusprig bleiben

> Die Cannelés nicht länger als 2 Stunden vor dem Verzehr backen, damit sie noch knusprig sind

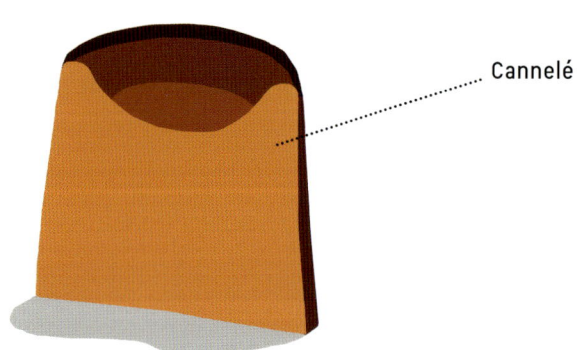

Cannelé

1

2

3

4

5

6

SCHMANDTARTE

MÜRBETEIG

135	g	Butter
80	g	Puderzucker
1		Ei (Größe M)
1		Päckchen Vanillezucker
1		Prise Salz
		Mark von ¼ Vanilleschote

> alle Zutaten verkneten

| 30 | g | Mandeln, blanchiert und gemahlen |
| 225 | g | Mehl, Type 405 |

> dazugeben und zügig zu einem glatten Teig verkneten

> in Frischhaltefolie wickeln und mindestens 2 Stunden in die Kühlung stellen

SCHMANDMASSE

1		Ei (Größe M)
50	g	Zucker
20	g	Vanillepuddingpulver (mit echter Bourbon-Vanille)
500	g	Schmand

> mit einem Schneebesen verrühren, ohne dabei Luft einzuarbeiten

WEISSE KUVERTÜRE-PLÄTTCHEN

> weiße Kuvertüre temperieren, auf dünne Schokoladenfolie gießen, eine zweite Folie auflegen

> vorsichtig dünn mit einem Rollholz glatt streichen und mit einem Ausstecher durch beide Folien Kreise ausstechen

> Kuvertüre zwischen den Folien für 24 Stunden auskristallisieren lassen, dann die Folien abziehen

FERTIGSTELLUNG

> Kleine Tarteformen einfetten und mit Mehl ausstäuben, den Backofen auf 190 °C vorheizen

> Den Mürbeteig zu einer 5 mm dicken Teigplatte ausrollen und die Tarteformen auskleiden

> Die Oberfläche mehrmals einstechen und etwa 15 Minuten blindbacken, bis der Teig goldbraun ist

> Die Schmandmasse einfüllen und glatt streichen, dann 20 Minuten fertigbacken (Die Schmandmasse sollte beim Herausnehmen nicht vollständig fest sein)

> Die Tarte in der Form abkühlen lassen und vor dem Servieren mindestens 4 Stunden in die Kühlung stellen

> Mit einem weißen Kuvertüreplättchen garnieren

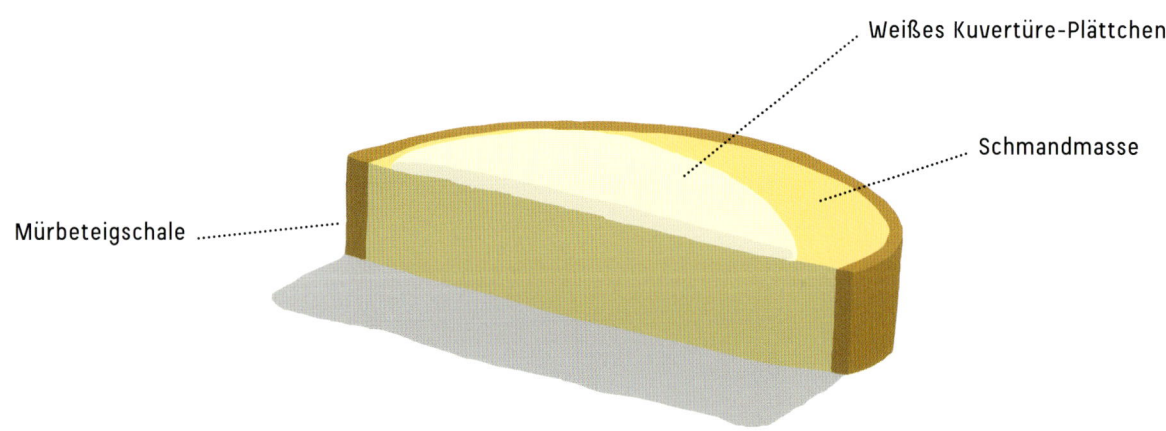

Weißes Kuvertüre-Plättchen

Schmandmasse

Mürbeteigschale

ANDY VORBUSCH

»Don`t replicate - innovate.«

SÖÖT-COOKIES MIT FENCHEL-ANIS-GANACHE

SÖÖT-COOKIES MIT
FENCHEL-ANIS-GANACHE

COOKIE-TEIG _____

260	g	Butter
140	g	Puderzucker

> cremig aufschlagen

90	g	Vollei

> nach und nach unterrühren

470	g	Weizenmehl, Type 405
35	g	Mandelgrieß
10	g	Fenchelsamen, gemahlen
1		Prise Salz

> mischen und rasch unterkneten

> Teig in Frischhaltefolie wickeln und für mindestens 2 Stunden in die Kühlung geben

FENCHEL-ANIS-GANACHE _____

500	g	Sahne
50	g	Fenchel-Honig
3	g	Anissamen, gemahlen
1		Prise Salz

> aufkochen

500	g	dunkle Kuvertüre 66 % (Beni Wild Harvest, Original Beans)

> unterrühren, glatt mixen und emulgieren

> Ganache in eine Box füllen und mindestens 24 Stunden zum Kristallisieren kühl stellen

FERTIGSTELLUNG _____

> Den Teig nach der Ruhezeit zwischen Backpapier mithilfe einer 3,5 mm dicken Ausrollleiste dünn ausrollen und einfrieren

> Die gefrorene Teigplatte aus dem Froster nehmen und mit einem Ausstecher die gewünschte Form ausstechen, die Cookies auf Silpatmatten setzen und dann in 2 Schritten bei 170 °C abbacken, bis sie eine goldbraune Farbe angenommen haben

> Die Ganache jeweils auf die Hälfte der gebackenen und ausgekühlten Cookies dressieren

> Die Cookies zusammensetzen und kühl aufbewahren

Cookie-Teig

Fenchel-Anis-Ganache

BUCHWEIZEN & YUZU

BUCHWEIZEN-TEIG

200	g	Buchweizenmehl
128	g	Weizenmehl, Type 405
32	g	Weizenpuder
6	g	Backpulver

> mischen und sieben

200	g	Kokosblütenzucker
100	g	Vollei
60	g	braune Butter
1		Prise Fleur de Sel

> zugeben und den Teig rasch glatt kneten

> dann in Frischhaltefolie wickeln und über Nacht in die Kühlung geben

WICHTIG

> Die Butter sollte möglichst dunkelbraun geröstet werden, um den nussigen Geschmack optimal zu transportieren

> anschließend sofort in Eiswasser abschrecken und so den Röstvorgang stoppen

FERTIGSTELLUNG

> Den Teig nach der Ruhezeit zwischen Backpapier mithilfe von einer 2 mm dicken Ausrollleiste dünn ausrollen und einfrieren

> Die gefrorene Teigplatte aus dem Froster nehmen und mit einem Ausstecher die gewünschten Teegebäck-stücke ausstechen, diese auf Silpatmatten setzen und dann bei 165 °C etwa 12 Minuten abbacken

> Nach dem Backen die noch warmen Plätzchen mit heißer Yuzu-Marmelade (Asialaden) glasieren

1

2

Yuzu-Marmelade

Buchweizen-Teig

BUCHWEIZEN & YUZU

WILDE KAKAOBOHNEN & KALAMATA-OLIVEN